CHRONIQUE DES AYYOUBIDES

DOCUMENTS RELATIFS À L'HISTOIRE DES CROISADES

PUBLIÉS PAR

L'ACADÉMIE DES INSCRIPTIONS ET BELLES-LETTRES

XVI

AL-MAKĪN IBN AL-ʿAMĪD

CHRONIQUE DES AYYOUBIDES

(602-658 / 1205-6-1259-60)

Traduction française annotée

PAR

Anne-Marie EDDÉ et Françoise MICHEAU

1994

INTRODUCTION

La traduction de la *Chronique des Ayyoubides* d'al-Makīn b. al-ʿAmīd que nous publions aujourd'hui s'inscrit dans le programme de traductions des chroniques du Proche-Orient au temps des croisades que Claude Cahen élabora et présenta en 1987. A un moment où, l'âge venant, sa vue le trahit, il estima nécessaire de rassembler les conclusions tirées d'une longue familiarité avec les chroniques arabes et d'indiquer de quels ouvrages la série des *Documents relatifs à l'histoire des Croisades*, publiée par l'Académie des Inscriptions et Belles-Lettres, devait s'enrichir en priorité [1]. La chronique d'al-Makīn b. al-ʿAmīd est l'une des six sources arabes du temps des croisades qu'il considérait comme particulièrement précieuses et devant donc être traduites en priorité. Loin de se contenter d'un appel à la sagacité et à l'ardeur des historiens des générations futures, Claude Cahen se tourna vers des collaborateurs qu'il savait intéressés, à un titre ou à un autre, par cette tâche. C'est ainsi qu'un après-midi de juin 1987 il nous reçut dans son bureau de Savigny-sur-Orge, pour nous confier son dossier consacré à al-Makīn b. al-ʿAmīd. Claude Cahen ne s'est pas pour autant désintéressé de l'entreprise, et il a suivi jusqu'à la veille de son décès, le 18 novembre 1991, l'avancement de notre travail, mêlant une paternelle sollicitude à une impatience justifiée. Qu'il nous soit permis de dire très simplement ici notre gratitude à l'égard d'un maître qui sut faire confiance à de plus jeunes collègues et notre admiration pour un savant qui eut le courage de se départir de ses papiers quand il sentit qu'il n'aurait plus la possibilité de les utiliser lui-même.

Le Professeur Jean Richard, membre de l'Académie des Inscriptions et Belles-Lettres, qui assure la direction de la série des *Documents relatifs à l'histoire des Croisades* a toujours mesuré, en plein accord avec Claude Cahen, l'intérêt de publier des sources arabes traduites, et

1. Cl. Cahen, « Pour un programme de traductions des chroniques arabes du Proche-Orient au temps des croisades », *Journal des Savants*, janvier-juin 1987, 13-26.

souhaité voir se réaliser progressivement le « Programme de traductions ». Il nous a constamment encouragées dans cette tâche et nous ne saurons assez le remercier d'accueillir cette traduction dans la collection de l'Académie. Il nous est également agréable de remercier Abdallah Cheikh Moussa, qui par sa patiente compétence nous a aidées à comprendre certains passages, ainsi que Youssef Ragheb, dont les conseils nous ont été précieux pour la toponymie égyptienne. Nous aimerions mentionner Hadi Eid, étudiant en troisième cycle, qui s'est souvent associé à nos séances de travail.

Al-Makīn, de son nom complet al-Makīn Ǧirǧis b. al-ʿAmīd Abī l-Yāsir b. Abī l-Makārim b. Abī l-Ṭayyib, appartenait à une famille d'origine iraqienne établie en Egypte au temps du calife fatimide al-Āmir (495-524/1101-1130). Le père d'al-Makīn, un haut fonctionnaire du *dīwān* de l'armée, mourut en 636/1238-9 [1]. Al-Makīn lui-même est né en 602/1205-6 [2]. Dans des circonstances que nous ignorons, il quitta l'Egypte pour Damas où il semble avoir exercé des fonctions identiques à celles de son père [3]. La conquête mongole le contraignit en 658/1259-60 à se réfugier à Tyr avec toute sa famille ; il revint cinq mois plus tard à Damas où il fut impliqué dans les troubles qui marquèrent la Syrie après l'invasion mongole et au début du règne de Baybars, ce qui lui valut plusieurs années de prison. Libéré ensuite, il termina sa vie à Damas en 672/1273-74. Notre chroniqueur arrête son récit en 658/1259-60, sans doute du fait de sa longue incarcération, mais peut-être aussi parce qu'il choisit de ne pas parler de Baybars, souverain sous le règne duquel il vivait [4].

Al-Makīn est connu pour être l'auteur d'une histoire universelle, intitulée *al-Maǧmūʿ al-mubārak*, qui relève de cette nouvelle forme d'ouvrages apparue dans le contexte du morcellement politique que connut le Proche-Orient à partir du XIe siècle, contexte qui encourage les histoires locales, mais aussi suscite un intérêt renouvelé pour

1. Sur la famille d'al-Makīn, voir la longue notice qu'il donne lui-même dans sa chronique (éd. Erpenius, Leyde, 1625, 299-300).

2. Cf. *infra*, p. 17.

3. Il se définit lui-même comme *kātib*, secrétaire (cf. *infra*, p. 17), et dit s'être réfugié à Tyr en compagnie des secrétaires d'al-Nāṣir (cf. *infra*, p. 114), ce qui laisse bien à penser qu'il appartenait à ce milieu des fonctionnaires de la cour de Damas.

4. Sur la biographie d'al-Makīn, cf. Cahen, « al-Makīn », 109-115 et *E.I. 2*, « Al-Makīn » (Cl. Cahen et R.C. Coquin). Toutes les informations que nous possédons viennent de la notice biographique que lui consacre Ibn al-Suqāʿī (n° 167), reprise ultérieurement par al-Ṣafadī et al-Maqrīzī, et des quelques indications fournies par Ġāzī b. al-Wāsiṭī, auteur musulman mort à la fin du VIIe/XIIIe ou au début du VIIIe/XIVe siècle (cf. R. Gottheil, « An answer to the Dhimmis », *Journal of the American Oriental Society*, 41, 1921, 381-457, notamment 450).

l'histoire de la communauté musulmane dans son ensemble [1]. L'appartenance confessionnelle de l'auteur est sans doute à l'origine de l'intérêt porté très tôt à son œuvre par les orientalistes. La chronique d'al-Makīn est même l'un des tout premiers ouvrages d'historiographie arabe introduits en Europe. Thomas Erpenius, professeur de langue arabe à l'université de Leyde, en avait établi une édition, d'après le manuscrit de la Bibliothèque Bodléienne d'Oxford, accompagnée d'une traduction en latin, que son élève et continuateur, Jacques Golius, publia en 1625 [2]. La mort d'Erpenius, victime d'une épidémie de peste en 1624, laissa l'entreprise inachevée, puisque seule est parue la partie traitant de l'histoire de l'islam depuis Mahomet jusqu'en 512/1117-8. Les savants européens n'ont donc longtemps connu que les pages les moins riches de la chronique d'al-Makīn et se sont, de plus, persuadés qu'elle n'allait pas au-delà du début du XIIe siècle [3].

En effet, pour les siècles les plus anciens, elle n'offre qu'un intérêt limité, face au foisonnement de textes par ailleurs connus. La période préislamique n'a, à ce jour, été ni éditée, ni étudiée. La seconde partie, sans lien avec la première, traite de l'histoire de l'islam et, jusqu'à la fin du XIIe siècle, n'est que la reprise d'un résumé d'al-Ṭabarī et d'une continuation de celui-ci, soit recopié chez Ibn Wāṣil, soit puisé dans une source commune aux deux chroniqueurs. Claude Cahen a naguère montré la correspondance absolue, jusqu'à l'année 592/1195, entre la chronique d'al-Makīn et celle d'Ibn Wāṣil intitulée *al-Ta'rīḫ al-Ṣāliḥī*, à l'exception des brèves notices traitant des patriarches coptes [4]. A partir de 592/1195-6, al-Makīn cesse de copier Ibn Wāṣil, pour une raison inconnue : doit-on supposer qu'il a disposé d'un manuscrit

1. Cf. Cl. Cahen, « L'historiographie arabe : des origines au VIIe s. H. », *Arabica*, 33, 1986, 133-198, notamment 180 et s.

2. Sous le titre *Historia Saracenica*, Leyde, 1625. Cet ouvrage connut une large diffusion grâce aux traductions en anglais et en français établies d'après la version latine d'Erpenius : S. Purchas, « The Saracenical Histoire », dans *Purchas his Pilgrimage*, 4e éd., vol. 5, Londres, 1626, p. 1009-1043. P. Vattier, *L'Histoire Mahométane ou les quarante-neuf Chalifes du Macine*, Paris, 1657.

3. Dans l'introduction de l'édition, Claude Cahen pensait même être le premier à découvrir que la chronique se poursuivait jusqu'en 658/1259-60. A la suite des remarques que lui adressa Gérard Troupeau à ce sujet, il corrigea dans une petite note cette affirmation trop abrupte, bien que partiellement vraie dans la mesure où aucun historien de l'islam ne s'était intéressé avant lui à la dernière partie de la chronique d'al-Makīn : « Documents et Notules. A propos d'al-Makīn Ibn al-ʿAmīd », *Arabica*, 6, 1959, 198-199.

4. Cl. Cahen, « Al-Makīn Ibn al-ʿAmīd et l'historiographie musulmane : un cas d'interpénétration confessionnelle », dans *Orientalia Hispanica, sive Studia F.M. Pareja octogenario dicata*, I,1, Leyde, 1974, 158-167, qui donne pour les années 397 à 415/1006-7 à 1024-5 les textes parallèles d'Ibn Wāṣil et d'al-Makīn.

incomplet ? Après une vingtaine d'années presque vides, la dernière partie, contemporaine de la vie de l'auteur, traite de la première moitié du VIIe/XIIIe siècle jusqu'à l'avènement de Baybars en 658/1260. Ces pages, de plus en plus détaillées au fur et à mesure que l'on avance dans le siècle, offrent, en revanche, une information des plus précieuses, et souvent de première main. C'est pourquoi seule cette dernière partie a été éditée par Claude Cahen, sous le titre de *Chronique des Ayyoubides*, et est ici traduite [1].

Les rapports entre la chronique d'al-Makīn et l'œuvre de son contemporain, Ibn al-Rāhib, ont été souvent évoqués. Pour la première partie traitant de l'histoire préislamique, al-Makīn s'appuie, entre autres, sur Ibn al-Rāhib qu'il cite explicitement [2]. Pour la suite de sa chronique, rien ne permet à ce jour d'affirmer qu'al-Makīn continue à s'appuyer sur Ibn al-Rāhib. La comparaison que nous avons faite entre le manuscrit attribué à Ibn al-Rāhib conservé à Berlin [3] et le texte d'al-Makīn, pour l'histoire des premiers califes comme pour celle des sultans ayyoubides, nous amène à conclure qu'il y a peu de rapports entre les deux versions et que celle d'al-Makīn est beaucoup plus développée. Le problème est d'autant plus complexe que, au XVIIe siècle, l'orientaliste Ecchelensis avait désigné Ibn al-Rāhib comme l'auteur du *Chronicon Orientale* [4]. Cette attribution a été depuis rejetée, notamment par M. Chaîne qui a en outre montré, sur la base d'une comparaison entre trois passages d'al-Makīn et du *Chronicon* (califats d'Abū Bakr, d'al-Saffāḥ, et d'al-Manṣūr) la dépendance du second par rapport au premier [5]. Pour le XIIIe siècle, nous avons nous-mêmes constaté que les deux sources présentent des similitudes, mais que le *Chronicon* offre un récit toujours beaucoup plus succinct. Une étude de la tradition manuscrite et des filiations entre ces différentes sources historiques ayant circulé dans le Proche-Orient devrait être un jour menée. En tout état de cause, la chronique d'al-Makīn apparaît bien, pour le XIIIe siècle, comme un ouvrage

1. Cl. Cahen, « La chronique des Ayyoubides d'al-Makīn b. al-ʿAmīd », *Bulletin d'Etudes Orientales*, XV, 1958, 109-184, désormais abrégé en : Cahen, « al-Makīn ». D'une manière un peu arbitraire, comme il le remarque lui-même, Claude Cahen a fait commencer l'édition en 602/1205-6, année de naissance de l'auteur. Mais la chronique ne devient vraiment circonstanciée qu'à partir de 612/1215-6.

2. Cf. « Al-Makīn », E.I. 1 (M. Plessner).

3. *Kitāb al-tawārīḫ*, ms. Berlin Or. fol. 434 (Ahlwardt, V, 221-223), manuscrit anonyme qu'A. Sidarus considère comme étant bien l'œuvre d'Ibn al-Rāhib.

4. Dont il publia une version latine à Paris en 1651. Cf. aussi l'édition et la traduction en latin de L. Cheikho dans la collection du *Corpus scriptorum christianorum orientalium*, 45 et 46. *Scriptores arabici*, 1 et 2, Louvain 1955-1962.

5. M. Chaîne, « Le *Chronicon orientale* de Butros Ibn ar-Rahib et l'histoire de Girgis al-Makim (sic) », *Revue de l'Orient Chrétien*, 3e série, VIII, 1931-1932, 390-405.

largement original, même si, pour l'histoire des patriarches, il a eu recours à des sources qui restent à découvrir.

Par rapport aux grandes chroniques d'Ibn Wāṣil, *Mufarriǧ al-kurūb fī aḫbār Banī Ayyūb*, et de Sibṭ Ibn al-Ǧawzī, *Mir'āt al-zamān* [1], celle d'al-Makīn peut apparaître secondaire, car moins détaillée. Pourtant, elle est loin d'être négligeable, notamment en raison de l'appartenance de son auteur au milieu copte d'Egypte, alors qu'Ibn Wāṣil et Sibṭ Ibn al-Ǧawzī sont tous deux des musulmans de Syrie. Par ailleurs, elle semble avoir été largement utilisée par les chroniqueurs arabes postérieurs, et il n'est donc pas inutile d'avoir accès à l'une de leurs sources et de connaître ainsi l'usage qu'ils en ont fait. Du point de vue de l'histoire des croisades, on retiendra les pages que consacre al-Makīn à la Cinquième Croisade, aux négociations entre al-Kāmil et Frédéric II, à la croisade de Louis IX, dans lesquelles le point de vue de l'auteur — chrétien rappelons-le — est tout à fait remarquable : les croisés — toujours désignés par le terme de Francs — sont perçus comme des étrangers, contre lesquels il est nécessaire de mener la guerre, mais avec lesquels le jeu politique de l'heure impose aussi de négocier. Jamais ne s'exprime le moindre sentiment d'une appartenance confessionnelle commune, jamais n'apparaît la moindre compréhension du phénomène de croisade. Une solidarité orientale, voire arabe ou plus exactement syro-égyptienne, s'affirme face aux Francs, comme face aux Mongols [2]. Du point de vue de l'histoire du Proche-Orient, al-Makīn offre un récit détaillé des rivalités entre les différents Etats de la région et a, en conséquence, été largement utilisé dans l'étude que consacre R. Stephen Humphreys à la dynastie ayyoubide de Damas [3]. Particulièrement originaux sont les passages sur le Fayoum donné en *iqṭā' darbasṭā* en 619/ 1222-23 (p. 35), les relations entre Muẓaffar al-Dīn Gökböri d'Irbil et Badr al-Dīn Lu'lu' de Mossoul (p. 47-48), les rapports entre al-Malik al-Ǧawād et les Francs (p. 71-72), l'accord entre les princes d'Alep et d'al-Karak en 649/1251-52 (p. 96), la prise d'Irbil par les Mongols en 656/1258 (p. 103-104), l'arrivée des Šahrazūrīya en Syrie (p. 105-106), l'attitude d'al-Nāṣir Yūsuf et de la population syrienne face aux Mongols en 658/1260 (p. 112-117), l'arrivée, cette même année, de flagellants occidentaux en Syrie (p. 114), la prise de Damas par les Mongols et

1. Que Claude Cahen dans son « Programme de traductions » cite toutes deux comme devant, à côté d'al-Makīn, être traduites en priorité.

2. Cf. F. Micheau, « Croisades et croisés vus par les historiens arabes chrétiens d'Egypte », dans *Itinéraires d'Orient. Hommages à Claude Cahen*, *Res Orientales*, 6, 1994, 169-183.

3. R. S. Humphreys, *From Saladin to the Mongols. The Ayyubids of Damascus, 1193-1260*, New York, 1977.

ses conséquences (p. 115-122). On comprend pourquoi des compilateurs postérieurs ont largement utilisé la chronique d'al-Makīn, en particulier Šāfi' b. 'Alī dans *Naẓm al-sulūk fī ta'rīḫ al-mulūk* (ouvrage que nous ne connaissons que par les citations qu'en donne Ibn al-Furāt) et al-Maqrīzī dans le *Kitāb al-sulūk li ma'rifat duwal al-mulūk*. En l'absence d'un travail rigoureux de comparaison entre les textes, il est néanmoins difficile d'établir si al-Maqrīzī a directement emprunté à al-Makīn, ou si parfois l'un et l'autre n'ont pas utilisé une source commune [1].

Chroniqueur chrétien, al-Makīn l'est-il davantage lorsqu'il insère des paragraphes relatifs à l'histoire des patriarches d'Egypte ? En réalité, cet intérêt pour l'histoire copte ne lui est pas spécifique. Al-Maqrīzī, lui-même, a repris dans son *Kitāb al-sulūk* les passages que cite al-Makīn. Dans un cas comme dans l'autre, ces développements sont sans doute empruntés à une chronique copte, mais présentent des différences notables avec l'*Histoire des Patriarches*, qui permettent difficilement d'envisager une filiation entre ces sources. Quant au système chronologique, la chronique d'al-Makīn a pour cadre le calendrier hégirien, les événements y sont rapportés année par année, même si parfois l'auteur poursuit son récit au-delà de l'année traitée quand la continuité historique l'exige [2] ; mais, à plusieurs reprises, al-Makīn donne la correspondance entre la date hégirienne et les dates selon les calendriers en usage dans l'Egypte copte : calendrier des mois solaires, ère de Dioclétien, ère d'Alexandrie [3]. Il nous est difficile de nous représenter comment travaillait notre chroniqueur, mais force nous est de constater que ses équivalences, notamment pour l'histoire des patriarches, sont souvent approximatives, ce qui laisse penser qu'il ne prit pas la peine de vérifier les informations fournies par ses différentes sources, se contentant simplement de les recopier [4].

La traduction que nous proposons s'appuie sur l'édition établie par Claude Cahen [5], édition qui repose sur les quatre manuscrits les plus anciens :

- le manuscrit de la bibliothèque de la mosquée Laleli à Istanbul (Laleli 1002), qui a été pris comme manuscrit de base. Daté de 756/1355-6, il est d'une écriture particulièrement claire et représente,

1. Voir des exemples *infra*, p. 26, n. 1, p. 49, n. 3, p. 52, n. 3, p. 87, n. 2.
2. Exemples *infra*, p. 19, 63, 73, 97 et n. 2.
3. Sur ces différents calendriers, voir *infra*, p. 17, n. 2, p. 20, n. 4, p. 26, n. 4.
4. Cf. *infra*, p. 36, n. 2, p. 50, n. 2 et 3, p. 54, n. 5, p. 56, n. 3, p. 91, n. 4.
5. Dans notre traduction, les chiffres en caractères gras renvoient aux pages de l'édition citée *supra*, p. 10, n. 1.

aux yeux de l'éditeur, la copie la meilleure. De ce manuscrit, nous avons consulté la copie établie par un copiste à la demande de Claude Cahen, en un temps et un lieu où la main du scribe était préférée au procédé du microfilm. Il est donc possible que certaines erreurs que nous avons relevées dans nos notes ne soient, en réalité, que des fautes de copiste et ne figurent pas dans le manuscrit original.

- le manuscrit conservé à la bibliothèque du British Museum à Londres (Br. Mus. Or. 7564), appelé par l'éditeur et par nous-mêmes le manuscrit B. D'une écriture cursive pas toujours claire, il offre une version souvent assez différente : le copiste a par endroits fait quelques coupures, il a souvent modifié l'ordre des alinéas, et, surtout, il a omis des passages entiers. Ce manuscrit, daté par Graf de 1280 et qui est donc le plus ancien, mérite néanmoins d'être pris en considération car il offre parfois une leçon plus satisfaisante que le manuscrit Laleli.
- Les deux autres manuscrits, conservés à la Bibliothèque Bodléienne d'Oxford (Laud Or. 161 et Marsh 309) donnent une version très proche du manuscrit Laleli, mais, pour le premier, copié entre 709/1309-10, avec quelques rares et secondaires variantes, pour le second, plus récent (XVIe siècle ?), avec nombre de fautes de copistes [1].

Dans le dossier que nous a remis Claude Cahen, se trouvaient la copie du manuscrit Laleli et le microfilm du manuscrit B. Il nous a donc été facile de nous y reporter chaque fois que le texte arabe présentait une difficulté. En effet, comme Claude Cahen le dit lui-même [2], s'il donne en note de l'édition les principales variantes des quatre manuscrits, il ne s'est pas attaché à relever les différentes leçons selon les exigences d'un véritable apparat critique. De plus, des coquilles d'impression se sont glissées et, là aussi, le recours aux manuscrits s'imposait et nous a permis de donner en annexe une liste d'*errata*. Il est évident que notre traduction s'appuie sur le texte ainsi corrigé. De plus, chaque fois que les variantes des manuscrits offraient des informations nouvelles ou différentes, nous les avons traduites en notes.

1. Pour une description plus détaillée des manuscrits, voir Cahen, « al-Makīn », 111-112.
2. Cf. Cahen, « al-Makīn », 114.

Notre traduction est entièrement nouvelle [1] ; elle se veut littérale, sans prétention littéraire, car notre souci a été de respecter la langue et le texte de l'auteur, sans plus de recherche stylistique de notre part que de la sienne. Le lecteur voudra bien nous pardonner les lourdeurs, inévitables dans cette perspective, et n'y voir que le désir de serrer au plus près un récit dont l'intérêt principal, sinon unique, est de nous apporter des informations sur les événements qui se sont déroulés dans le Proche-Orient des Ayyoubides.

Claude Cahen avait un souci constant, et un talent particulier, pour établir les parallèles nécessaires entre les différentes sources [2]. La liste qu'il offre dans son édition de la *Chronique des Ayyoubides* d'al-Makīn est, de ce point de vue, tout à fait remarquable. Il n'était donc pas question pour nous de reprendre ce travail, mais nous l'avons complété et enrichi de deux manières : d'abord en indiquant dans la bibliographie les éditions récentes des sources citées par Claude Cahen, ensuite en ajoutant en note, au début de certaines années, les sources auxquelles Claude Cahen n'avait pas fait référence, essentiellement les *Sulūk* d'al-Maqrīzī, certaines parties de l'*Histoire des Patriarches*, les chroniques mongoles. Il va de soi que ce travail se limite aux sources orientales et que ne sont pas prises en compte les sources occidentales, pourtant essentielles pour l'histoire des croisades comme pour celle des Mongols.

L'annotation, relativement importante, apporte toutes les identifications géographiques et historiques qu'il nous a été possible d'établir, en référence aux principaux instruments de travail, aux différents ouvrages traitant de cette période, et, plus encore, aux grands dictionnaires biographiques. Nous avons néanmoins exclu les personnages et les lieux que nous considérions comme bien connus, à savoir les principaux princes ayyoubides [3] et les localités figurant dans un dictionnaire usuel. Pour le système de translittération, nous avons utilisé pour les mots arabes celui dit d'*Arabica*, mais sans faire l'assimilation (Nūr al-Dīn et non Nūr ad-Dīn) ; pour les termes techniques non traduits, nous avons toujours utilisé la forme au singulier sans recourir ni au pluriel arabe ni à l'ajout du s (ex : les *ġulām*). Pour les noms turcs et mongols, eux-mêmes déjà transcrits en

1. Claude Cahen avait bien établi une traduction pour son usage personnel, qu'il nous avait également remise. Mais nous nous sommes rapidement détachées de ce qui n'était qu'un rapide brouillon de jeunesse.

2. D'une manière plus générale, cf. A.-M. Eddé, « Claude Cahen et les sources arabes des croisades », à paraître dans *L'œuvre de Claude Cahen. Voies nouvelles et révisions nécessaires*, n° spécial de la revue *Arabica*.

3. Sur lesquels on pourra lire l'article de l'*E.I. 2*, « Ayyūbides » (Cl. Cahen), et surtout l'excellente synthèse de R.S. Humphreys. Cf. *supra*, p. 11, n. 3.

arabe par le chroniqueur, nous avons opté pour une translittération proche de la forme arabe ; néanmoins, dans la mesure où ce choix entraînait des formes trop inhabituelles, nous avons conservé la désignation courante : on lira ainsi Hūlāgū, et non Hūlā'ūn comme al-Makīn appelle ce grand chef mongol [1]. Pour tous les noms propres courants, de quelque origine qu'ils soient, nous avons conservé la forme francisée habituelle, en nous référant là encore à un dictionnaire usuel : ainsi on lira Alexandrie et non al-Iskandarīya, Bagdad et non Baġdād.

Paris, le 25 mars 1993.

1. Le problème de la translittération des noms mongols présente de toutes façons de grandes difficultés, et des désaccords entre spécialistes. Pour l'exacte vocalisation des noms turcs, nous avons eu recours à l'étude de J. Sauvaget, « Noms et surnoms de Mamelouks », *Journal Asiatique*, 238, 1950, 31-58.

TRADUCTION

Année 602 / **18 août 1205-7 août 1206**

Il dit [1] : en 602, naquit l'auteur, le très humble et mortel al-Makīn Ǧirǧis b. al-ʿAmīd Abī l-Yāsir b. Abī l-Makārim b. Abī l-Ṭayyib, le chrétien, le secrétaire, connu sous le nom de Ibn al-ʿAmīd, la deuxième heure du jour du samedi 8 raǧab / 18 février 1206, correspondant au 24 amšīr [2].

Année 603 / **8 août 1206-27 juillet 1207**

Il dit : en 603, al-Malik al-ʿĀdil quitta Le Caire [3] pour se rendre sur le littoral, et s'empara d'al-Qulayʿāt [4] qu'il pilla et détruisit. Il dévasta beaucoup de territoires francs, pilla, tua, fit des prisonniers, et les musulmans prirent aux Francs un butin considérable.

1. L'auteur commence souvent son récit par l'expression « il dit » ou « l'historien dit », se désignant ainsi comme l'auteur des propos qui suivent, ainsi que l'attestent ce passage où il est fait mention de sa naissance et le passage (p. 114) où il rapporte à la première personne son départ de Damas.
2. Soit le 18 février. Pour certains événements, al-Makīn donne la correspondance avec le calendrier en usage chez les coptes. Celui-ci comprend 365 jours divisés en 12 mois de 30 jours. L'année commence le 29 août, date du début de la crue du Nil. Cinq jours complémentaires dits épagomènes sont placés à la fin de l'année, auxquels s'ajoute un 6e jour tous les quatre ans de manière à respecter la durée réelle de l'année solaire. La concordance des mois et des jours du calendrier copte avec le calendrier julien ne présente aucune difficulté, à ceci près qu'il faut tenir compte des années bissextiles. Voir Grumel,166-168 et Chaîne, 83-85.
3. Sauf indication contraire, nous avons traduit Miṣr par Le Caire et al-Diyār al-Miṣrīya par Egypte. Néanmoins, nous avons laissé le terme Miṣr lorsque celui-ci désigne clairement la ville de Fusṭāṭ-Miṣr, par opposition à al-Qāhira. Quant à al-Qāhira, nous l'avons également traduit par Le Caire, mais en précisant al-Qāhira entre parenthèses.
4. Citadelle située à 24 km au nord de Tripoli (le Coliath des Francs). Cf. P. Deschamps, *Les châteaux des Croisés en Terre Sainte*. III. *La défense du Comté de Tripoli et de la principauté d'Antioche. Texte*, Paris, 1973, 311-312.

Cette année-là, mourut le maître d'Aḫlāṭ [1]. Al-Awḥad b. al-ʿĀdil, maître de Mayyāfāriqīn [2], l'ayant appris, se rendit à Aḫlāṭ, entra dans la citadelle dont il prit possession, puis s'empara de toute la principauté.

Année 606 / 6 juillet 1209-24 juin 1210

En 606, al-ʿĀdil campa à al-Ṭūr, connu sous le nom de Ṭūr Tābūr (Mont Tabor) avec l'intention d'en reconstruire la forteresse [3]. Il s'en occupa activement, mais, ayant appris que le Hongrois approchait avec une forte troupe, il retourna à Damas, poursuivi par celui-ci. Lorsqu'il fut entré à Damas, le Hongrois repartit en pillant la vallée du Jourdain (Aġwār) [4], tuant et faisant des prisonniers, puis il retourna dans son pays [5].

Année 609 / 3 juin 1212-22 mai 1213

En 609, al-Ṣāḥib [6] Ṣafī al-Dīn ʿAbd Allāh b. ʿAlī Ibn Šukr [7] quitta le service d'al-Malik al-ʿĀdil avec sa permission (*dustūr*) et partit d'Egypte ; il se rendit à Āmid [8] où il resta jusqu'à la mort d'al-Malik al-ʿĀdil ; il rentra alors au Caire.

Il dit : cette année-là, al-ʿĀdil confia l'administration du Caire ainsi que le contrôle de ses finances et de ses affaires à son fils al-Malik

1. Ville au nord-ouest du lac de Van. Cf. *E.I.* 2, « Akhlāṭ » (V. Minorsky). En 603/1206-1207, le fils du Shāh Armān Begtimur s'étant avéré incapable d'exercer le pouvoir, l'un de ses mamelouks s'empara d'Aḫlāṭ, mais fut tué l'année suivante, ce qui permit à al-Awḥad de s'emparer de la ville. Cf. Humphreys, 128-129.

2. Ville de Djéziré, au nord-est du Diyār Bakr. Cf. *E.I.* 2, « Mayyāfāriḳīn » (V. Minorsky — C. Hillenbrand).

3. Reconstruction située en 607/1210-11 ou 609/1212-13 dans les autres sources. Cf. Cahen, « al-Makīn », 116 ; Humphreys, 136-137.

4. Al-Ġawr (pl. Aġwār), « dépression », désigne ici la vallée du Jourdain en Palestine, entre le lac de Tibériade et la Mer Morte. Cf. *E.I.* 2, « al-Ghawr » (F. Buhl — D. Sourdel).

5. Al-Makīn fait allusion ici à la croisade de 614/1217 conduite, entre autres, par le roi André II de Hongrie et le roi de Jérusalem, Jean de Brienne. Cf. Prawer, II, 134-143 ; Humphreys, 156-158 ; Setton, II, 389-394 ; Powell, 128-135.

6. Lorsque le mot al-Ṣāḥib (le maître) précède le nom d'un personnage, il a un sens honorifique et fait en quelque sorte partie du nom ; nous avons décidé, dans ce cas-là, de ne pas le traduire.

7. Sur ce vizir d'al-ʿĀdil (m. 622/1225), cf. Baġdādī, *BEO*, 1970, 114 ; Gottschalk, 23 et n. 1 ; Humphreys, 437 n. 31.

8. Āmid, l'actuelle Diyarbakir. Cf. *E.I.* 2, « Diyār Bakr » (Cl. Cahen — M. Canard).

al-Kāmil Nāṣir al-Dīn Muḥammad ; il installa aussi le cadi al-A'azz Faḫr al-Dīn Ibn Šukr [1] comme contrôleur des bureaux (*nāẓir al-dawāwīn*).

Cette année-là, al-Malik al-'Ādil se rendit en Syrie avec l'intention d'aller à Aḫlāṭ car il avait appris que son fils al-Awḥad, maître de cette ville, était mort et qu'al-Ašraf Muẓaffar al-Dīn Mūsā, frère d'al-Awḥad, avait mis la main sur la principauté et ses revenus. Une telle action, accomplie sans son ordre, le contraria fortement **/128/**. Lorsqu'al-'Ādil fut arrivé à Aḫlāṭ, son fils al-Ašraf allégua qu'il avait craint d'être devancé par un des princes du voisinage. Al-'Ādil accepta cette excuse et lui confirma la possession d'Aḫlāṭ. Il accorda Mayyāfāriqīn et sa province (*a'māl* [2]) à son (autre) fils al-Muẓaffar Šihāb al-Dīn Ġāzī. Ces événements ne se sont pas passés entièrement cette année-là, mais nous les avons rapportés ainsi afin d'en ordonner l'exposé d'une seule suite et sans les morceler.

Année 611 / 13 mai 1214-1er mai 1215 [3]

Il dit : en 611, al-Malik al-Kāmil envoya son fils al-Mas'ūd Ṣalāḥ al-Dīn Aqsīs en expédition au Yémen ; celui-ci s'y rendit et s'en empara.

Cette année-là, l'émir 'Izz al-Dīn Usāma [4] se sauva du Caire en Syrie ; al-Kāmil en informa par écrit son frère al-Mu'aẓẓam qui envoya (des hommes) sur les routes de Syrie ; Usāma fut arrêté et amené devant al-Mu'aẓẓam qui le fit enfermer dans la forteresse d'al-Karak, où il mourut ; al-Mu'aẓẓam s'empara des territoires et des forteresses qu'il possédait, dont la citadelle de 'Ağlūn, celle de Kawkab [5] et bien d'autres encore.

1. Sur le cadi al-A'azz Faḫr al-Dīn Miqdām Ibn Šukr (m. 612/1214), dernier vizir d'al-'Ādil, cf. Gottschalk, 23 n. 1 et 26 n. 1.

2. Nous avons traduit *'amal* pl. *a'māl* par province ; chez al-Makīn ce terme semble avoir le sens assez général de territoire dépendant d'une ville ou d'une forteresse.

3. Cf. le récit plus détaillé de l'affaire de 'Izz al-Dīn Usāma dans *Hist. Patr.*, III, 2, éd. 117, trad. 196-197.

4. Ancien émir d'al-Afḍal à Damas ; il avait quitté son maître pour se réfugier au Caire, mais il fut ensuite soupçonné par al-'Ādil de correspondance secrète avec al-Ẓāhir d'Alep. Cf. Humphreys, 98, 106, 111, 142, 144.

5. 'Ağlūn et Kawkab (Belvoir), deux forteresses commandant la vallée du Jourdain, l'une en Galilée et l'autre en Transjordanie. Cf. *E.I.* 2, « 'Adjlūn » (D. Sourdel) et « Kawkab » (N. Elisséeff).

Année 612 / 2 mai 1215-19 avril 1216 [1]

Il dit : en 612, le sultan al-ʿĀdil revint en Egypte, et se fit indiquer les dépenses effectuées pour l'expédition d'al-Malik al-Masʿūd au Yémen. Ces dépenses étant d'un montant considérable, il désapprouva le cadi al-Aʿazz Faḫr al-Dīn Ibn Šukr, le fit frapper et enchaîner, puis transférer et incarcérer dans la forteresse de Buṣrā [2].

Les chroniques chrétiennes rapportent que, cette année-là, mourut le patriarche Anbā Yūnus b. Abī Ġālib, patriarche des jacobites d'Alexandrie [3], d'Egypte, d'Abyssinie et de Nubie, le jeudi de la fête de l'Immersion 11 ṭūba 932 des Martyrs [4], correspondant au 14 ramaḍān 612 / 6 janvier 1216, après un patriarcat de vingt-six ans, onze mois et treize jours solaires. Il avait d'abord été marchand et se rendait souvent en Inde et au Yémen. Il acquit par ce négoce une grosse fortune. On dit qu'il emporta de l'argent qui appartenait aux fils d'al-Ǧabbāb [5], pour faire du commerce. A la fin de ses voyages, il fit naufrage mais en réchappa ; la nouvelle parvint aux fils d'al-Ǧabbāb, qui perdirent tout espoir de retrouver leur argent. Lorsqu'il arriva au Caire et vint les trouver, ils lui dirent : « Nous avons appris ce qui t'est arrivé. Ne te fais pas de souci pour nos biens que tu avais emportés ».

1. Cf. *Hist. Patr.*, III, 2, éd. 98-100, 121-125, trad. 166-168, 203-210, et IV, 1, éd. 1-8, 11-18, trad. 1-17, 22-37, qui donne un récit très détaillé des tractations et dissensions à propos de la succession patriarcale. Cf. aussi Maqrīzī, *Sulūk*, I, 1, 180-185, trad. Broadhurst, 160-163, dont le récit concernant l'histoire patriarcale est identique à celui d'al-Makīn. Tous les passages d'al-Makīn et d'al-Maqrīzī à propos des patriarches d'Egypte sont très semblables. De légères différences apparaissent toutefois (cf. *infra* p. 26, n. 1, p. 52 n. 3), Maqrīzī est parfois plus détaillé, ce qui laisserait penser qu'ils utilisèrent probablement une source commune. Cf. aussi *supra* p. 12, n. 1.

2. Sur Buṣrā, ou Bosra, ville de la province du Hauran en Syrie du Sud, cf. *E.I.* 2, « Boṣrā » (A. Abel).

3. Il s'agit de Jean, fils d'Abū Ġālib, qui était devenu patriarche le 29 janvier 1189, succédant à Marc b. Zarʿa. Cf. E. Tisserant et G. Wiet, « La liste des patriarches d'Alexandrie dans Qalqašandī », *Revue de l'Orient chrétien*, 23, 1922-23, 123-143 et *Hist. Patr.*, III, 2, éd. 98, trad. 166. Le terme jacobites est couramment utilisé pour désigner les monophysites, ici les coptes d'Egypte dont le siège patriarcal se trouve à Alexandrie.

4. Le 11 ṭūba / 6 janvier, l'Eglise copte célèbre le Baptême du Christ. Cf. R. Griveau, « Les fêtes des coptes par al-Maqrîzî », *P.O.*, X, 4, 322-325 et R. Basset, « Le synaxaire arabe jacobite (rédaction copte) », *P.O.*, XI, 5, 573-577 où la mort du patriarche Yūnus b. Abī Ġālib est rapportée. Quant à l'année des Martyrs, il s'agit de l'ère dite de Dioclétien, ou des Martyrs, utilisée en Egypte et dont le point de départ est fixé au 29 août 284 de notre ère. Cf. Chaîne, 12-13 et 35-36 ainsi que le tableau de concordance 134 et s.

5. Il s'agit très probablement de la famille de ʿAbd al-ʿAzīz b. al-Ḥusayn, descendant des Aghlabides et surnommé al-Ǧabbāb (le fabricant de manteaux), parce qu'il avait en charge les manteaux confectionnés pour le calife fatimide. Ses fils et petits-fils sont connus pour avoir servi Saladin et les princes ayyoubides. Cf. Ibn al-ʿAdīm, *Buġya*, VI, 2756-2759 et *Hist. Patr.*, III, 3, éd. 99, trad. 167.

Il leur répondit : « Votre argent est sauf, car je l'avais placé dans des coffrets de bois que j'avais cloués au bateau », et il le leur rendit. Il acquit ainsi auprès d'eux un grand mérite. Lorsque mourut le patriarche Ibn Zar'a [1], Anbā Yūnus, dont nous venons de parler, déploya beaucoup d'efforts pour que succédât au patriarcat le prêtre Abū l-Yāsir, résidant à al-'Adawīya [2] ; mais les fils d'al-Ǧabbāb lui dirent : « Nul ne sera patriarche sinon toi ; nous t'appuyons et nous témoignons en ta faveur ». Il accepta. Lorsqu'il fut élevé au patriarcat, le prêtre Abū l-Yāsir en fut vivement affecté et lui qui avait été son grand ami rompit avec lui. On dit que lorsque Yūnus devint patriarche, il avait en propre dix-sept mille dinars, qu'il dépensa entièrement au cours de son patriarcat, la plus grande partie au bénéfice des pauvres et des nécessiteux. Il supprima la *dayyārīya* et interdit la *šarṭūnīya* [3]. Pendant son patriarcat il ne mangea le pain d'aucun chrétien, ni élevé ni humble, et n'accepta aucun cadeau.

Le prêtre Dā'ūd b. Yūḥannā, connu sous le nom d'Ibn Laqlaq, originaire du Fayoum, était attaché au cheikh Nušū' al-Ḫilāfa Abū l-Futūḥ b. al-Mīqāṭ [4], secrétaire des armées d'al-'Ādil (*kātib al-ǧuyūš al-'Ādilīya)*, qu'il avait souvent accompagné en Syrie, faisant la prière avec lui et un groupe de secrétaires qui l'aimaient parce que c'était un homme de mérite, un bon prêtre, de caractère agréable. Lorsque le patriarche Anbā Yūnus mourut, le cheikh Abū l-Futūḥ demanda au sultan al-Malik al-'Ādil le patriarcat pour le prêtre Dā'ūd b. Laqlaq. Al-Malik al-'Ādil y consentit, et rédigea un diplôme (*tawqī'*) à son intention, sans avoir consulté al-Malik al-Kāmil, qui était son héritier présomptif et son lieutenant (*nā'ib*) [5] dans le pays. Les habitants du Caire l'apprirent et s'y opposèrent. Al-As'ad b. Ṣadaqa, secrétaire de

1. Marc b. Zar'a (cf. *supra*, p. 20, n. 3). Nous avons retenu la leçon du ms. B (200 v°), car la version du ms. Laleli et de l'édition (Anbā Yūnus b. Zar'a) n'est pas cohérente.

2. Al-'Adawīya est situé à une douzaine de kilomètres au sud du Caire, sur la rive droite du Nil. Ce village est célèbre pour ses jardins, ses monastères et ses églises. Cf. Halm, II, 314 et carte 21 ; Timm, I, 64-68. Le prêtre Abū l-Yāsir, est connu pour avoir tenté d'introduire des coutumes différentes qui furent à l'origine de divisions dans l'Eglise copte. Cf. Evetts, 136-141.

3. C'est la simonie qui est ici visée : *dayyārīya,* taxe payée par le *dayyār* (chef d'un couvent) probablement lors de sa nomination et *šarṭūnīya*, « ordination », désigne ici la taxe payée par le prêtre lors de son ordination. Cf. Maqrīzī, *Sulūk*, I, 1, 183 n. 9.

4. Nušū' al-Ḫilāfa Abū l-Futūḥ b. al-Mīqāṭ était un notable copte proche du sultan al-Malik al-'Ādil. Cf. *Hist. Patr.*, III, 3, éd. 123-124, trad. 206-207, IV, 1, éd. 66, 69, trad. 137, 145. Cf. aussi Sidarus, 7.

5. Nous avons retenu la traduction de lieutenant pour *nā'ib*, ce terme désigne en général celui qui est chargé de représenter le sultan en son absence.

Dār al-Tuffāḥ [1], réunit un grand nombre de chrétiens, presseurs de fruits, à al-Ṣafā' [2] au Caire, à la fin de la nuit durant laquelle **/129 /** le cheikh Abū l-Futūḥ avait décidé de promouvoir le prêtre Dā'ūd, ils se rendirent à la lueur des cierges au pied de la Citadelle de la Montagne [3], et implorèrent l'aide d'al-Malik al-Kāmil, en disant : « Cet homme qu' Abū l-Futūḥ veut nous imposer comme patriarche sans ton ordre ne convient pas, car selon notre loi nous ne promouvons pas de patriarche sans l'accord de la communauté ». Al-Malik al-Kāmil leur donna l'ordre de se tranquilliser. Au petit matin, le prêtre Dā'ūd monta à cheval accompagné des évêques et d'un grand nombre de chrétiens afin d'être consacré patriarche à (l'église) al-Mu'allaqa à Miṣr [4]. C'était le dimanche des Oliviers [5]. De très bonne heure, al-Malik al-Kāmil s'était rendu à cheval chez son père et l'avait informé du désaccord des chrétiens et de l'interdiction pour eux de promouvoir un patriarche sans le consentement de tous. Al-Malik al-'Ādil fit mander les évêques afin de se faire confirmer la chose ; les messagers rejoignirent la fin du cortège qui était parvenu en compagnie du prêtre Dā'ūd, au sommet de la rue où se trouve l'église d'Abū Ǧurǧ al-Ḥamrā' [6] près des sept citernes ; ils emmenèrent les évêques, se rendirent auprès du sultan al-Malik al-'Ādil, tandis que le prêtre Dā'ūd pénétrait dans l'église al-Ḥamrā' ; mais la foule qui l'avait accompagné se dispersa, son patriarcat se trouva dès lors annulé, et le siège resta vacant dix-neuf ans cent soixante jours [7].

1. Le Dār al-Tuffāḥ était un *funduq*, situé à proximité de Bāb Zuwayla, qui servait de halle aux fruits, à l'emplacement de l'ancien quartier des Noirs transformé en jardins par Saladin. Cf. Maqrīzī, *Ḫiṭaṭ*, II, 93. Al-Sa'd Hibat Ibn Ṣadaqa était diacre de l'église al-Mu'allaqa et détenait, en outre, la ferme de courtage dans les deux marchés aux fruits d'al-Qāhira et de Miṣr. Cf. *Hist. Patr.*, IV, 1, éd. 7, trad. 14-15.

2. Bāb al-Ṣafā' : porte située au nord-est de Fusṭāṭ, d'où partait Darb al-Ṣafā' en direction d'al-Sayyida Nafīsa. Cf. Casanova, *Essai de reconstitution*, 56 et s.

3. C'est ainsi que les auteurs arabes appellent la citadelle du Caire construite sur le Muqaṭṭam par Saladin et terminée par al-'Ādil. Cf. *E.I.* 2, « al-Ḳāhira » (J.M. Rogers).

4. L'église de la Vierge Marie, au sud-ouest de Qaṣr al-Šam' (ou Qaṣr al-Rūm) est couramment surnommée al-Mu'allaqa (la Suspendue) car construite sur les bastions de la forteresse romaine. Cf. Coquin 63-86.

5. Ou fête des Rameaux. Cf. R. Griveau, « Les fêtes des coptes par al-Maqrîzî », *P.O.*, X, 4, 317-318.

6. L'église Saint-Georges (Abū Ǧurǧ), dite al-Ḥamrā', est ainsi appelée car située dans le quartier al-Ḥamrā' al-Wusṭa, entre al-Fusṭāṭ et al-Qāhira. Cf. Evetts, 87 et 91. Cet édifice doit être différent de l'église dédiée à saint Georges et située dans le quartier Qaṣr al-Šam' sur laquelle cf. Coquin, 131-136.

7. Ce même patriarche fut finalement consacré en 633. Cf. *infra*, p. 50.

Année 613 / 20 avril 1216-9 avril 1217

Il dit : c'est en 613 que les Tatars [1] commencèrent à sortir de leurs territoires intérieurs en direction de l'Iran [2]. C'est un peuple de Turcs infidèles dont les uns adorent le soleil, d'autres le feu, d'autres les idoles, d'autres encore n'ont ni religion ni foi. Ils résidaient primitivement dans la steppe limitrophe de l'Inde, qu'on appelle Ǧīn wa Māǧīn [3] et où l'on trouve de nombreux pâturages et des cours d'eau. Possédant du bétail, ils se déplaçaient de pâturage en pâturage, suivant la végétation; ils passaient l'hiver dans les vallées, et l'été au sommet des montagnes, habitant sous la tente. Leur grand roi était Gengis Khān (Ǧinkiz Ḫān), qu'on appelle aussi Ǧinkrī Ḫān, avec un *rā'* sans points [4]. Ce nom renvoie au roi de Chine car il est composé de *Ǧīn*, c'est-à-dire la Chine (Sīn), de *Krī* qui en turc signifie royauté, et de *Ḫān* qui veut dire roi ; ce nom signifie donc « roi du royaume de Čhine ». C'était un homme fier, rusé, perfide et d'une grande perspicacité. Il leur fit une loi qu'il appela l'*asa* [5], leur ordonna d'en respecter les commandements et les interdits ; celui qui les transgresserait serait mis à mort. Il établit des chefs et des commandants de milliers, de centaines et de dizaines. Dans l'*asa* il leur ordonnait de passer au sabre les habitants des pays qu'ils conquerraient, de les tuer tous et de piller les richesses, afin de susciter l'effroi et la terreur parmi la population.

Quatre cent mille cavaliers, dit-on, se joignirent à lui ; il conquit les deux villes de Ṭamġāǧ et Kāšġar [6], ce qui développa et affermit sa

1. Il est courant que les sources désignent les Mongols par l'expression les Tatars, nom d'une importante tribu mongole qui fut éliminée par Gengis Khān. Cf. Morgan, 56-57.

2. Sur l'expansion mongole, cf. W. Barthold, *Turkestan down to the Mongol invasion*, Londres, 1928 ; J.A. Boyle, « Dynastic and political history of the Īl-khāns », dans *The Cambridge History of Iran*, vol. 5, 303-421 ; D. Morgan, *The Mongols*, Oxford, 1986.

3. Cette expression, d'origine persane, désigne la Chine. Sur les occurrences et les significations de ces termes, cf. P. Pelliot, *Notes on Marco Polo*, tome 1, Paris, 1959, 270 et s.

4. Sur Gengis Khān, cf. *E.I.* 2, « Cingiz-Khān » (J.A. Boyle).

5. Ou Yāsā. Cf Barthold, *Turkestan*, 41-42. La portée réelle de la législation promulguée par Gengis Khān a fait récemment l'objet d'un débat. Cf. D. O. Morgan, « The 'Great Yāsā of Chingis Khān' and Mongol law in the Īlkhānate », *Bulletin of the School of Oriental and African Studies*, 49, 1986, 163-176.

6. Sur Kāšġar, ville du Turkestan chinois, cf. *E.I.* 2, « Kāshghar » (W. Barthold — B. Spuler) et Miquel, II, 207 (carte). Nous avons retenu le terme Ṭamġāǧ comme dans l'édition, plutôt que la forme Ṭuġāǧ, comme dans le ms. Laleli (lacune dans le ms. B). En effet, nous n'avons pu identifier Ṭuġāǧ, alors que Ṭamġāǧ, qui désigne habituellement la Chine du Nord, pourrait renvoyer au bassin du Tarim parce qu'associé à la ville

puissance. Il envoya Ǧabā et Subūdāy [1], deux des plus grands commandants et des plus valeureux guerriers, à la tête de deux cent mille cavaliers ; il leur ordonna de marcher sur l'Iran, de s'en emparer et d'en tuer tous les habitants. Ils sortirent du désert (*ramla*) de Samarqand l'ayant parcouru en trois jours alors que son étendue est, dit-on, de quinze jours de marche. Ils campèrent devant Samarqand, en firent le siège et, après de violents combats, la prirent d'assaut, tuèrent tous les habitants, emportèrent des biens et des trésors en quantité incalculable, et détruisirent la ville. Puis ils se déplacèrent vers Boukhara et agirent de même.

Le sultan Maḥmūd, souverain d'Iran, rassembla (son armée) et fit appel à tous les princes des territoires voisins qui se joignirent à lui et livrèrent bataille aux Tatars avec deux cent mille cavaliers. Le combat fut dur, le sultan Maḥmūd fut battu et s'enfuit ; les Tatars s'emparèrent de ses troupes, capturèrent, massacrèrent, pillèrent, ramassèrent un butin considérable. Puis le sultan Maḥmūd rassembla (à nouveau son armée) et affronta les Tatars ; ils lui livrèrent combat et il fut défait. On dit qu'il mena contre eux plus de quatre-vingts batailles, tantôt vainqueur, tantôt vaincu, mais finalement **/ 130 /** il fut battu, contraint de fuir, et il ne lui resta qu'une petite troupe, avec laquelle il gagna une île dans la mer, où il mourut [2].

Les Tatars s'emparèrent des principautés du Fārs, de Merv, du Khorasan, du Khwārizm, et de tout l'Iran ; ils passèrent les habitants au sabre et firent des massacres innombrables. On dit qu'ils tuèrent plus de cent mille cadis, jurisconsultes et savants. Des hauts plateaux il ne resta qu'Isfahan, dont le souverain, le Khwārizm-shāh Ǧalāl al-Dīn [3], était un prince vaillant et brave. Il rassembla (son armée) pour combattre les Tatars. En un seul mois il leur livra dix-sept batailles, tantôt vainqueur, tantôt vaincu, mais les Tatars ayant

de Kāšġar, ici comme dans la lettre du Connétable Smbat étudiée par J. Richard, dans *Armenian Studies. Etudes Arméniennes in memoriam Haïg Berberian*, Lisbonne 1986, 694-695. Sur la conquête de cette région, cf. Barthold, *Turkestan*, 402.

1. Ǧabā (ou Djebe) et Subūdāy (ou Sübetey), deux grands généraux de Gengis Khān qui firent la conquête de l'empire khwārizmien entre 1218 et 1220. Cf. Barthold, *Turkestan*, 403-427.

2. Contrairement à ce que rapporte al-Makīn, ʿAlāʾ al-Dīn Maḥmūd (596-617/1200-1220), avant-dernier Khwārizm-shāh, fuit devant l'avance des Mongols sans leur opposer une véritable résistance et se réfugia dans un îlot de la Caspienne où il mourut en décembre 1220. Cf. Barthold, *Turkestan*, 421-427.

3. Sur Ǧalāl al-Dīn (617-628/1220-1231), dernier souverain de la dynastie, cf. *E.I.* 2, « Djalāl al-Dīn Khwārizm-shāh » (J.A.Boyle). Sur la conquête de l'Iran, cf. J.A. Boyle, « The Mongol Invasion of Eastern Persia. 1220-1223 », *History Today*, 13, 1965, 614-623, rééd. dans J.A. Boyle, *The Mongol World Empire. 1206-1370*, Londres, 1977 (Variorum Reprints).

remporté plus de victoires, il fut finalement battu, contraint de fuir, et une grande partie de ses troupes fut massacrée. Ils campèrent devant Isfahan, et l'assiégèrent durement ; il s'y trouvait, dit-on, deux cent mille combattants ; après un siège de plusieurs années, les Tatars s'emparèrent d'Isfahan, tuèrent toute la population, détruisirent la ville, et prirent des richesses que Dieu seul connaît [1]. Ensuite moururent Ǧabā et Subūdāy que remplacèrent Ǧurmaġān et Bāyǧū [2] ; ils pénétrèrent en Iran dont ils prirent possession ; quelque temps après, Ǧurmaġān mourut, Bāyǧū resta seul et s'empara de toutes les principautés d'Iran. Puis apparut Bātū [3], un parent des souverains tatars, qui se rendit dans le pays des Turcs, le conquit et s'en rendit maître depuis Sūdāq [4] jusqu'aux frontières de Rūm [5]. Il contrôlait aussi Bāyǧū, qui se rendait à toute heure auprès de lui, le consultait pour ses affaires, et s'en tenait à ses commandements.

Il dit : cette même année 613 / 20 avril 1216-9 avril 1217, mourut al-Malik al-Ẓāhir Ġāzī b. al-Malik al-Nāṣir Ṣalāḥ al-Dīn, maître d'Alep, auquel succéda son fils al-Malik al-ʿAzīz Muḥammad, encore enfant. Sa mère Ḍayfa Ḫātūn, fille d'al-Malik al-ʿĀdil [6], exerça la régence avec l'eunuque (*ḫādim*) Šihāb al-Dīn [7], atabeg d'al-ʿAzīz, et avec les émirs de l'Etat alépin.

Cette année-là, al-Malik al-ʿĀdil se rendit à Alexandrie dont il régla les affaires, puis il rentra au Caire (al-Qāhira).

1. Sur la prise d'Isfahan par les Mongols en 1237, cf. J.A. Boyle, « The Capture of Isfahan by the Mongols », dans *Atti del Convegno Internazionale sul Tema : la Persia nel Medioevo,* Rome, 1971, 331-336, rééd. dans J.A. Boyle, *The Mongol World Empire 1206-1370*, Londres, 1977 (Variorum Reprints).

2. Sur Ǧurmaġān, célèbre commandant des forces mongoles en Asie occidentale (1231-1241) et sur son successeur Bāyǧū, cf. Spuler, 35-37 et 43, Grousset, *L'Empire des steppes*, 420-424.

3. Sur ce petit-fils de Gengis Khān, fondateur de la Horde d'Or et grand Khān, cf. *E.I.* 2, « Bātū » (W. Barthold et J.A. Boyle). Pour la forme de son nom, cf. Pelliot, 28-29.

4. Sūdāq (Soldeia dans les sources occidentales) est un grand port de Crimée, sous protectorat seldjouqide, conquis par les Mongols en 1223. Cf. Spuler, 31.

5. A partir du XIe siècle, le mot de *Rūm* (Romain), qui désigne l'empire romain-byzantin, est aussi employé dans les sources arabes pour désigner les territoires turcs d'Asie Mineure.

6. Sur Ḍayfa Ḫātūn (m. 640/1242), épouse d'al-Ẓāhir Ġāzī, cf. *Mufarriǧ*, V, 312-313 (notice nécrologique).

7. Sur Šihāb al-Dīn Ṭugril (m. 631/1233), qui gouverna la principauté d'Alep de 613/1216 à 628/1231, cf. Sibṭ, 685 ; *Mufarriǧ*, V, 72-73.

Année 614 / 10 avril 1217-29 mars 1218

Il dit : en 614, al-Malik al-ʿĀdil quitta l'Egypte pour la Syrie, emportant ses biens et ses trésors ; il se rendit à la citadelle d'al-Karak, où il séjourna quelque temps et déposa les biens qu'il avait emportés d'Egypte.

Année 615 / 30 mars 1218-18 mars 1219 [1]

Il dit : en 615, al-Malik al-ʿĀdil apprit que les Francs assiégeaient Damiette. Il envoya en Egypte toutes les troupes qui étaient avec lui, et quitta al-Karak pour se rendre à Damas. Mais en route il tomba malade et son état s'aggrava ; il s'arrêta à ʿĀliqīn [2] près de Damas, où il resta quelque temps ; il y mourut, à la fin du jeudi 7 ǧumādā II 615 / 31 août 1218. On dissimula sa mort, et on affirma que le médecin (*ṭabīb*) avait recommandé de l'emmener à Damas pour le soigner ; on le porta en litière, un serviteur (*ḫādim*) auprès de lui, et le médecin chevauchant à ses côtés. L'échanson (*šarabdār*) [3] préparait des boissons, les portait au serviteur pour qu'il les bût afin de faire croire que le sultan les avait bues, jusqu'à leur entrée dans la citadelle de Damas avec les trésors, les serviteurs (*ḫadam*) et toutes les tentes. On fit alors connaître la mort du souverain, ce qui agita et mit en effervescence la population. Son fils al-Muʿaẓẓam Šaraf al-Dīn ʿĪsā, maître de Damas, se montra à cheval, distribua des cadeaux, et calma les gens ; un crieur public proclama : « Implorez la miséricorde de Dieu sur le sultan al-Malik al-ʿĀdil et faites la prière au nom du sultan al-Malik al-Muʿaẓẓam. Que Dieu le garde ! » Et tous de pleurer et de porter le deuil.

Le règne d'al-ʿĀdil, depuis qu'il s'était emparé de l'Egypte, avait duré dix-neuf ans et quarante jours. Il avait soixante-quinze ans et quelques mois. Il mourut cinq mois et sept jours après la fin de 614 de l'hégire. Son règne avait commencé un samedi et s'était terminé un jeudi. (Cette date) correspond à l'an solaire du monde 6710 [4].

1. Aux sources indiquées par Cahen, « al-Makīn », 117, on peut ajouter Maqrīzī, *Sulūk*, I, 1, 188-194, trad. Broadhurst, 166-171 (récit très proche de celui d'al-Makīn, bien que plus développé) ; *Mufarriǧ*, III, 270-275 ; *Hist. Patr.*, III, 2, éd. 130, trad. 221. Sur l'expédition de Kaykāʾūs en Syrie du Nord, cf. *Mufarriǧ*, III, 263-270.

2. Village à moins d'une journée de marche de Damas. Cf. Le Strange, *Palestine*, 391 ; Humphreys, 160.

3. Cf. Gaudefroy-Demombynes, LI.

4. L'ère mondiale, dite d'Alexandrie, fixe au 29 août 5493 le début de l'ère de la création du monde. Cf. Grumel, 95-97 (avec référence à al-Makīn) et Chaîne, 9-10 et 134 et s. (pour les tableaux). L'an du monde 6710 commence le 29 août 1217 et se termine le 28 août 1218.

/ 131 / Sa biographie : Ce fut un homme de belle conduite, bon croyant, grand politique, ferme dans son jugement, au courant du détail des affaires, instruit par l'expérience, heureux en toutes ses entreprises, et qui désapprouvait querelles et guerres. Il conclut la paix avec ses voisins et des trêves avec les Francs. Il vécut dans la prospérité.

Avec ses fils, il régnait d'Aḫlāṭ jusqu'au Yémen, et, après sa mort, chacun de ses fils garda la partie du royaume qu'il possédait : al-Malik al-Kāmil Muḥammad Nāṣir al-Dīn, l'Egypte ; al-Muʿaẓẓam Šaraf al-Dīn ʿĪsā, Damas, Jérusalem, al-Karak, Šawbak [1] et le littoral ; al-Malik al-Ašraf Muẓaffar al-Dīn Mūsā [2], Aḫlāṭ avec le territoire attenant, Ḥarrān [3], Edesse et la Djéziré ; al-Muẓaffar Šihāb al-Dīn Ġāzī, Mayyāfāriqīn, Ḥānī et Ǧabal Ǧūr [4] avec le territoire attenant ; al-Malik al-Ḥāfiẓ, Qalʿat Ǧaʿbar [5] et sa province. Al-Malik al-ʿĀdil avait donné à son fils al-Malik al-Fā'iz la province de Qūṣ [6], et à al-Malik al-Afḍal Quṭb al-Dīn le Fayoum et sa province ; al-Malik al-Kāmil leur en confirma la possession. Al-Malik al-ʿAzīz ʿUṯmān fils d'al-ʿĀdil et al-Ṣāliḥ Ismāʿīl étaient au service d'al-Malik al-Muʿaẓẓam ; ils avaient des terres et des *iqṭāʿ*, qu'al-Malik al-Muʿaẓẓam leur confirma, à savoir, pour al-ʿAzīz, Bāniyās, Tibnīn [7] et leur province ainsi que divers lieux du territoire de Damas tels que Nawā [8] et d'autres, pour al-Ṣāliḥ Ismāʿīl, la citadelle de Buṣrā et sa province ainsi que tout le Sawād [9]. Muǧīr al-Dīn et Taqī al-Dīn étaient auprès de leur frère al-Ašraf maître d'Aḫlāṭ. Du vivant d'al-ʿĀdil

1. Sur Šawbak (Montréal dans les sources franques) au sud-est de la mer Morte, cf. Le Strange, *Palestine*, 536.

2. Al-Muẓaffar Šaraf al-Dīn Mūsā dans le ms. Laleli et dans l'édition. Nous avons corrigé d'après le ms. B (201 r°).

3. Ḥarrān, en Turquie actuelle, capitale du Diyār Muḍar au moyen-âge. Cf. *E.I.* 2, « Ḥarrān » (G. Féhervari).

4. Ḥānī, au nord-ouest de Mayyāfāriqīn, au pied du Taurus arménien. Cf. Le Strange, *Lands*, 110. Le Ǧabal Ǧūr (sic dans le ms. Laleli) était le nom du district qui s'étendait au nord du Diyār Bakr, jusqu'aux confins de l'Arménie. Cf. Yāqūt, *Buldān*, II, 102.

5. Sur Qalʿat Ǧaʿbar, sur la rive gauche de l'Euphrate moyen, à environ vingt-cinq kilomètres en aval de Bālis, cf. *E.I.* 2, « Djaʿbar » (D. Sourdel).

6. Qūṣ, ville de Haute-Egypte. Cf. *E.I.* 2, « Ḳūṣ » (J.-Cl. Garcin).

7. Sur Bāniyās, au sud de Damas, au pied du Mont Hermon, cf. *E.I.* 2, « Bāniyās » (J. Sourdel-Thomine). Sur Tibnīn (Le Toron) dans l'arrière-pays de Tyr, cf. Le Strange, *Palestine*, 545.

8. Nawā (Neve) dans le Hauran. Cf. Le Strange, *Palestine*, 515-516.

9. Al-Sawād ou Terre de Suète, à l'est du lac de Tibériade. Cf. Le Strange, *Palestine*, 532-533.

moururent ses fils al-Malik al-Awḥad Naǧm al-Dīn Ayyūb, (Šams al-Dīn) Mawdūd, al-Malik al-Muġīṯ, et al-Malik al-Amǧad [1].

Comme vizirs, il eut pour peu de temps al-Ṣanī'at b. al-Naḥḥāl [2] qui mourut ; puis al-Ṣāḥib Ṣafī al-Dīn 'Abd Allāh Ibn Šukr [3], un homme impétueux et fier, qui eut de l'influence sur al-'Ādil et le domina ; il acquit une grande puissance — je veux parler d'al-Ṣāḥib Ṣafī al-Dīn Ibn Šukr -, extorqua de l'argent aux chefs des bureaux (*dawāwīn*), et les dépouilla de leurs biens. Le cadi al-Ašraf 'Uṯmān [4] s'enfuit à Bagdad, demanda l'intercession de l'imam al-Nāṣir li-Dīn Allāh [5] (qui lui remit) une lettre que le cadi présenta à al-Malik al-'Ādil, que Dieu lui soit miséricordieux. Le cadi 'Alam al-Dīn b. Abī l-Ḥaǧǧāǧ, chef du bureau des armées (*dīwān al-ǧuyūš*), et le cadi al-As'ad b. Mammātī, chef du bureau des finances (*dīwān al-māl*) [6], s'enfuirent aussi vers Alep, et se réfugièrent auprès du maître de la ville, al-Malik al-Ẓāhir b. al-Malik al-Nāṣir, qui les honora et les traita généreusement ; ils restèrent auprès d'al-Ẓāhir qui leur assigna de quoi subvenir à leurs besoins ; ils assistaient à son conseil (*maǧlis*) et chevauchaient à son service lors des cortèges. Tous deux moururent à Alep La Bien Gardée.

Quant à al-Ṣāḥib Ṣafī al-Dīn Ibn Šukr, il extorqua de l'argent aux Banū Ḥamdān, aux Banū l-Ǧabbāb, aux Banū l-Ǧalīs et aux notables chrétiens secrétaires aux comptes (*al-kuttāb al-mustawfīyūn*), sans qu'al-Malik al-'Ādil s'opposât de quelque façon, à tel point qu'on disait tout cela fait avec son accord et selon son désir. Ṣafī al-Dīn Ibn Šukr, que l'on vient de mentionner, s'emportait souvent contre le sultan al-Malik al-'Ādil, mais se l'attachait par les services qu'il lui rendait ; c'est ainsi qu'al-Malik al-'Ādil avait emprunté de l'argent sous sa caution lors du siège de Damas par al-Malik al-Afḍal, si bien qu'il le tolérait et supportait avec patience son caractère. Finalement, il jura qu'il ne le garderait plus à son service, et dans le courant de

1. Al-Malik al-Amǧad Maǧd al-Dīn Ḥasan, à ne pas confondre avec le plus jeune fils d'al-'Ādil, al-Malik al-Amǧad Taqī al-Dīn 'Abbās (m. 669/1271). Cf. *Mufarriǧ*, III, 274-275.

2. Ancien chrétien converti à l'islam. Cf. Lyons-Jackson, 211.

3. Cf. *supra*, p. 18, n. 7.

4. Maqrīzī dit: « al-Ašraf fils du cadi al-Fāḍil » (*Sulūk*, I, 1, 192, trad. Broadhurst, 169). Il s'agirait donc ici d'al-Ašraf Aḥmad sur lequel cf. Gottschalk, 132 n. 2.

5. Sur le calife al-Nāṣir (575-622/1180-1225), cf. A. Hartmann, *An-Nāṣir li-Dīn Allāh (1180-1225)*, Berlin, 1975.

6. Sur Ibn Mammātī (m. 606/1209), auteur du traité fiscal *Kitāb qawānīn al-dawāwīn*, éd. A.S. Atiya, Le Caire, 1943, cf. *E.I.* 2, « Ibn Mammātī » (A.S. Atiya). Sur 'Alam al-Dīn Ismā'īl b. Abī l-Ḥaǧǧāǧ al-Ṣuwayṭī (m. 610/ 1213-14) qui partageait la direction du *dīwān* des armées avec Ibn Mammātī, cf. Ibn al-'Adīm, *Buġya*, IV, 1670-1672 ; Yāqūt, *Iršād*, VI, 118.

l'année 609 / 3 juin 1212-22 mai 1213 l'exila hors d'Egypte. Il partit avec tous ses biens, ses femmes, ses enfants et ses esclaves (*ġilmān*) [1] ; on dit que quatre-vingt chameaux portaient ses bagages. Ses ennemis demandèrent **/ 132 /** à al-Malik al-ʿĀdil de confisquer ses biens, mais il refusa, et ne lui causa absolument aucun mal. Ṣafī al-Dīn Ibn Šukr se dirigea vers Āmid et séjourna auprès d'al-Malik al-Ṣāliḥ b. Artuq [2], maître de cette ville, jusqu'à la mort d'al-Malik al-ʿĀdil ; al-Malik al-Kāmil le fit venir auprès de lui et le nomma vizir en l'an 616 / 19 mars 1219-7 mars 1220, comme nous le dirons en son temps, si Dieu le Très Haut le veut.

L'historien dit : en 615 / 30 mars 1218-18 mars 1219, le sultan ʿAlāʾ al-Dīn Kayqubāḏ b. Kayḫusraw, souverain de Rūm [3], équipa une armée nombreuse afin de s'emparer du territoire d'Alep. Ils se mirent en route et campèrent devant la forteresse de Bahasnā [4], à la frontière du pays de Rūm, et l'assiégèrent ; Alṭunbuġā al-Ẓāhirī [5], lieutenant de la place, vint les trouver pour proposer de la leur livrer. Mais lorsqu'il fut sorti de la citadelle, sa femme, jadis concubine d'al-Malik al-Ẓāhir, se révolta, réunit les hommes désignés (au commandement) et les soldats de la forteresse, leur fit prêter serment de ne pas livrer la place aux lieutenants du souverain de Rūm, et leur distribua des robes d'honneur et des présents. Alṭunbuġā fit dire aux lieutenants de la forteresse de la remettre aux représentants du souverain de Rūm, mais ils ne l'écoutèrent pas ; les messagers se succédèrent, mais sans résultat. Les représentants du souverain de Rūm, constatant que les lieutenants refusaient de leur livrer la citadelle, crurent qu'Alṭunbuġā avait changé d'avis, le torturèrent cruellement et le suspendirent au pied de la forteresse, sous les yeux de ses enfants, de sa femme et de tous ceux qui s'y trouvaient. De nouveau Alṭunbuġā leur fit demander de remettre la place aux représentants du souverain de Rūm, sans plus de succès. Désespérant d'obtenir la reddition de la forteresse, ils le tuèrent, puis quittèrent les lieux. Ils s'en allèrent vers Manbiğ, qu'ils assiégèrent et conquirent ; ils prirent aussi la forteresse de Raʿbān, puis

1. Le mot de *ġulām* (pl. *ġilmān*) qui s'applique en général à un jeune homme ou à un jeune garçon, désigne souvent un serviteur ou un esclave. Cf. *E.I.* 2, « Ghulām » (D. Sourdel).

2. Sur al-Ṣāliḥ Maḥmūd (597-619/1201-1222), maître d'Āmid, cf. *Aʿlāq* (Djéziré), 519-520.

3. Il s'agit, en fait, de ʿIzz al-Dīn Kaykāʾūs b. Kayḫusraw (608-618/1211-1220). Cf. Cahen, *Turquie*, 69-73.

4. Actuelle Besni en Turquie orientale. Cf. *E.I.* 2, « Besni » (Cl. Cahen).

5. Ancien mamelouk d'al-Ẓāhir Ġāzī dont il avait épousé une concubine. Cf. *Aʿlāq* (S.N.), trad. 34 et Ibn al-ʿAdīm, *Buġya*, I, 326. Le ms. Laleli et l'édition donnent la forme inusitée : Alṭunbūġā.

se rendirent à Tall Bāšir [1], qui était aux mains des fils de l'émir Badr al-Dīn Dildirim [2] ; ils l'assiégèrent et s'en emparèrent.

Lorsque la mère d'al-Malik al-ʿAzīz, fille d'al-Malik al-ʿĀdil [3], vit qu'ils conquéraient les territoires les uns après les autres, elle fit appeler à son secours son frère al-Malik al-Ašraf, qui vint à Alep avec ses troupes et l'armée de cette ville se joignit à lui. Il marcha contre l'armée de Rūm, engagea le combat et remporta la victoire ; les Rūm s'enfuirent vers leur pays et al-Ašraf recouvra les territoires et les forteresses dont ils s'étaient emparés. Il fit don à l'atabeg Šihāb al-Dīn (Ṭuġril) de Tall Bāšir et de son territoire et à l'émir Sayf al-Dīn ʿAlī b. Qilīǧ [4] de Raʿbān ; puis il retourna chez lui. Quant à la femme d'Alṭunbuġā qui s'était révoltée contre son mari dans la forteresse de Bahasnā, elle demanda à al-Malik al-ʿAzīz, maître d'Alep, de donner à ses enfants la citadelle et le territoire d'Aʿzāz [5] ; il les en investit et elle remit la forteresse de Bahasnā aux lieutenants d'al-Malik al-ʿAzīz.

Sixième souverain ayyoubide

Al-Malik al-Kāmil Nāṣir al-Dīn Muḥammad b. al-Malik al-ʿĀdil Sayf al-Dīn Abī Bakr b. Ayyūb [6]

Il régna sur l'Egypte à la mort de son père en ǧumādā II 615 / 25 août-22 septembre 1218, et nous avons déjà dit qu'il était son lieutenant et son héritier présomptif en Egypte.

Cette année-là, du vivant d'al-Malik al-ʿĀdil, les Francs débarquèrent en Egypte, le 3 rabīʿ I / 30 mai 1218 [7], et campèrent sur la rive

1. Sur ces trois villes qui faisaient alors partie de la Syrie du Nord, cf. *Aʿlāq* (S.N.), 61-67, 273-276, 281-297 ; Elisséeff, *N.D.*, 164, 167-170.

2. Sur Badr al-Dīn Dildirim (ou Duldurum), chef des Turcomans Yārūqīya, qui mourut en 611/1214-1215, cf. *Aʿlāq* (S.N.), trad. 59, 65-66 ; Humphreys, 82, 99, 105, 107, 112, 420.

3. Sur la princesse Ḍayfa Ḫātūn (m. 640/1242), cf. *supra*, p. 25, n. 6.

4. Sayf al-Dīn ʿAlī b. Qilīǧ (m. 645/1247), ancien émir d'al-Ẓāhir Ġāzī. Cf. Humphreys, 453 n. 81. Cf. aussi *infra*, p. 53, 56, 58 n. 2, 69 et 78.

5. Aʿzāz, ou plus souvent ʿAzāz, au nord-ouest d'Alep. Cf. Elisséeff, *N.D.*, 181-182.

6. Cf. Maqrīzī, *Sulūk*, I, 1, 194, trad. Broadhurst, 172.

7. Sur la Cinquième Croisade, cf. Th. C. Van Cleve, « The Fifth Crusade », dans Setton, II, 377-428, Prawer, II, 127-174, et J.M. Powell, *Anatomy of a crusade. 1213-1221*, Philadelphie, University of Pennsylvania Press, 1986.

d'al-Ǧīza en face de Damiette [1]. Al-Malik al-Kāmil marcha au-devant d'eux avec ses troupes, et s'installa sur la rive de Damiette face à eux, le Nil séparant les deux adversaires. Il y eut des batailles répétées et des combats acharnés ; on entra dans l'année 616 / 19 mars 1219-7 mars 1220 et les Francs étaient toujours sur la rive d'al-Ǧīza, en face de Damiette.

Année 616 / **19 mars 1219-7 mars 1220** [2]

/ 133 / Cette année-là, les Francs assaillirent Damiette et l'assiégèrent vigoureusement ; ils prirent possession de la rive de Damiette ; le sultan al-Malik al-Kāmil s'écarta de la ville, mais dressa son campement à proximité. Il y eut des affrontements nombreux et de grands combats. Alors tous les Francs sans exception chevauchèrent pour attaquer les musulmans, mais al-Kāmil et ses troupes engagèrent le combat, Dieu leur donna la victoire, et ils les mirent en déroute. Nombre de leurs comtes et de leurs plus grands chevaliers furent faits prisonniers et une multitude fut tuée. Les comtes et les prisonniers furent envoyés, enchaînés, au Caire (al-Qāhira) La Bien Gardée. Puis les Francs assaillirent Damiette, l'encerclèrent par terre et par mer, et empêchèrent son approvisionnement. La plupart de ses habitants moururent de faim et d'épidémie ; la mort les frappa, la plus grande partie périt et il ne resta que peu de combattants. Les Francs s'avancèrent contre la ville, l'enlevèrent par la force et firent prisonniers tous ses occupants, le mardi 25 šaʿbān 616 / 5 novembre 1219. Le siège avait duré seize mois et vingt-deux jours. Lorsque les Francs eurent pris Damiette, le sultan al-Malik al-Kāmil se replia du lieu de son campement situé à proximité de Damiette et se rendit à Ušmūm

1. Le ms. Laleli et l'édition arabe donnent la forme *al-ǧazīra* (l'île) ; mais nous pensons qu'il vaut mieux retenir la leçon du ms. B (202 r°) et lire al-Ǧīza. En effet, tel est le nom donné à la péninsule de forme triangulaire, entourée au nord par la mer Méditerranée, à l'ouest par le canal al-Azraq, au sud et à l'est par le bras de Damiette. Et c'est bien sur la rive occidentale du bras de Damiette que les Francs avaient installé leur camp. Cf. Setton, II, 397 et Powell, 140.

2. Sur les combats qui opposèrent les croisés aux musulmans à Damiette, on peut ajouter aux sources indiquées par Cahen, « al-Makīn », 117, Ibn al-Aṯīr, XII, 200-205 ; Maqrīzī, *Sulūk*, I, 1, 201-209, trad. Broadhurst, 179-182, 184-187 ; *Hist. Patr.*, III, 2, éd. 127-132, trad. 216-225 ; IV, 1, éd. 21-33, trad. 43-68, seule source à mentionner les exactions contre les chrétiens du Caire pendant le siège de Damiette.

Ṭannāḥ [1], où il resta quelques jours ; il se dirigea vers le site qui fait face à Ṭalḫā [2] au confluent du bras d'Ušmūm [3] et du bras de Damiette. Il y installa son camp, et les gens y contruisirent des habitations, des caravansérails (*fanādiq*), des souks, des bains et on appela ce campement al-Manṣūra (la Victorieuse), nom que l'avenir confirma. Une fois que les Francs se furent emparés de Damiette, ils firent prisonniers tous ceux qu'ils y trouvèrent et les envoyèrent à Acre. Puis ils s'en allèrent assiéger le sultan, (campant) en face d'al-Manṣūra, et entre eux s'étendaient les bras d'Ušmūm et de Damiette.

Année 617 / 8 mars 1220-24 février 1221 [4]

L'année 617 commença alors que les musulmans se trouvaient à al-Manṣūra et les Francs face à eux. Des combats acharnés les opposaient sur la terre et sur l'eau.

Cette année-là, un groupe d'émirs convinrent de déposer du sultanat al-Malik al-Kāmil et d'y placer son frère al-Malik al-Fā'iz ; le complot avait eu lieu dans la tente de l'émir ʿImād al-Dīn b. al-Mašṭūb [5], qui était à l'origine de cette rébellion, et qui avait l'accord des émirs ʿIzz al-Dīn al-Ḥumaydī, Asad al-Dīn al-Hakkārī, Muǧāhid al-Dīn al-Wazīrī [6], et d'autres encore. Al-Malik al-Kāmil l'apprit et eut peur pour son sort. Grand politique, ferme et patient, il comprit que l'heure n'était pas à la dispute, mais plutôt aux flatteries. Il leur envoya un messager pour les apaiser, leur fit porter des présents et augmenta leurs *iqṭāʿ*. Alors leurs esprits se calmèrent.

Cette année-là, Ṣafī al-Dīn Ibn Šukr arriva d'Āmid pour se mettre au service du sultan al-Malik al-Kāmil qui l'avait fait appeler à la

1. La ville d'Ušmūm Ṭannāḥ (parfois Ašmūm Ṭannāḥ, aujourd'hui Ašmūn al-Rummān) était la capitale de la province de Daqahlīya, sur le bras de Damiette, à 4 km à l'est de Dikirnis. Cf. Maspero-Wiet, 17-19 ; Halm, II, 762-763 et carte 46 ; Timm, I, 195-198.

2. Ṭalḫā (Ṭalḥā dans l'éd.) est situé sur la rive gauche du bras de Damiette, face au Baḥr al-Ṣaġīr. Cf. Halm, II, 587 et cartes 35 et 45 ; Guest, carte.

3. Le Baḥr Ušmūm est le bras du Nil appelé également al-Baḥr al-Ṣaġīr qui se jette dans le lac de Damiette et de Tinnis. Cf. Maspero-Wiet, 81-82 ; Guest, carte.

4. Aux sources indiquées par Cahen, « al-Makīn », 117, on peut ajouter Maqrīzī, *Sulūk* , I, 1, 605-606, trad. Broadhurst, 182-184 ; sur Ibn al-Mašṭūb, cf. *Mufarriǧ*, IV, 28-30, 71-72, 76-77 et note suivante ; sur Ibn Šukr, cf. *supra* p. 18, n. 7.

5. Commandant du contingent kurde des Hakkārī (m. 619/1222). Cf. Ibn Ḫallikān, I, 180-184 (n° 75) ; Gottschalk, 79-83, 98-103 ; Humphreys, 78, 94, 117, 122, 162-163.

6. On sait peu de choses sur ces émirs. Cf. Gottschalk, 79, et sur ʿIzz al-Dīn Muḥammad Ibn Badr al-Ḥumaydī, 101 n. 1 ; Humphreys, 162.

mort de son père al-ʿĀdil. Le sultan vint à sa rencontre à cheval, le combla d'honneurs et de bienfaits, puis le consulta sur le cas d'al-Malik al-Fāʾiz ; Ibn Šukr lui conseilla de l'envoyer auprès des princes syriens pour leur demander de venir à son secours contre l'ennemi. Cet avis parut bon au sultan, qui équipa al-Fāʾiz et l'envoya auprès d'eux ; il mourut là-bas et ne revint pas au Caire.

Puis le sultan, au cours d'une entrevue avec al-Ṣāḥib Ṣafī al-Dīn Ibn Šukr, lui indiqua les frais et les dépenses nécessaires pour (combattre) l'ennemi. Ibn Šukr s'engagea à lui procurer tout ce dont il aurait besoin ; il se mit à extorquer de l'argent aux riches, marchands et secrétaires, à imposer des contributions [1], à introduire nombre d'innovations ; il recueillit ainsi de grosses sommes.

/ **134** / Cette année-là, al-Malik al-Muʿaẓẓam Šaraf al-Dīn ʿĪsā, souverain de Damas et de Syrie, vint se mettre au service d'al-Malik al-Kāmil, qui lui apprit l'affaire d'Ibn al-Maštūb et des émirs qui s'étaient entendus avec lui. Ils convinrent d'exiler Ibn al-Maštūb ; al-Malik al-Muʿaẓẓam se rendit à cheval (auprès de lui), et le fit partir vers la Syrie.

L'année se terminait, et les Francs faisaient toujours face aux musulmans à al-Manṣūra. Les prix montèrent, et l'*irdabb* [2] de blé atteignit trois dinars.

Année 618 / 25 février 1221-14 février 1222 [3]

Il dit : en l'année 618, al-Malik al-Ašraf, maître d'Aḫlāṭ, arriva avec ses troupes. Al-Malik al-Muẓaffar, fils d'al-Malik al-Manṣūr, maître de Hama, arriva également avec l'armée de son père ; tous les princes de Syrie et d'Orient ne tardèrent pas à secourir al-Malik al-Kāmil. Les combats entre eux et les Francs s'intensifièrent sur terre et sur l'eau ; le Nil eut une forte crue, et l'eau s'écoula dans le canal d'al-Maḥalla [4] ; le sultan y disposa les bateaux de la flotte, afin de pénétrer dans le bras de Damiette, et d'empêcher le ravitaillement des Francs. Leurs difficultés en furent accrues et leurs vivres s'épuisèrent ; ils furent séparés de leurs navires et entreprirent de regagner Damiette ; ils

1. *Al-tabarruʿ* : littéralement don gracieux, contribution surérogatoire.
2. Unité de mesure en usage en Egypte équivalent, à l'époque mamelouke, à 68,800 kg de blé. Cf. *E.I.* 2, « Makāyil » (E. Ashtor), p. 117.
3. Sur la victoire des musulmans à Damiette, cf. an 616, et sur l'épilogue de la conjuration d'Ibn al-Maštūb, cf. an 617.
4. Le canal d'al-Maḥalla rejoint le bras de Damiette sur la rive gauche, à une dizaine de kilomètres au nord-ouest d'al-Manṣūra, en face de Baramūn ; il a aujourd'hui disparu. Cf. Setton, II, 425-426 ; Powell, 188.

brûlèrent leurs bagages, et se sauvèrent de nuit, la nuit de la Saint-Jean Baptiste, le 1er du mois de tūt / 29 août. Le sultan apprit leur fuite, et prescrivit de rompre les digues, ce qui fut fait. Le Nil les entoura de tous côtés et ils ne purent atteindre Damiette. Ils se réfugièrent sur un grand tell, à l'extérieur de Baramūn [1], et l'armée les encercla. Convaincus d'être perdus, ils envoyèrent un messager au sultan pour lui proposer d'évacuer Damiette s'il leur accordait la vie sauve et la sécurité de leurs biens. Le sultan accepta, et la paix fut conclue pour huit ans, avec libération de tous les prisonniers des deux camps, musulmans et Francs. Le sultan voulut rencontrer le roi Jean, maître d'Acre, ainsi que le légat [2] ; les Francs demandèrent des otages qui resteraient dans leurs navires jusqu'au retour des deux hommes. Le sultan envoya son fils al-Malik al-Ṣāliḥ Naǧm al-Dīn Ayyūb, son frère al-Malik al-Mufaḍḍal Quṭb al-Dīn, accompagnés de plusieurs fils d'émirs. Alors le roi Jean et le légat se présentèrent au service d'al-Malik al-Kāmil à l'extérieur de Baramūn. Princes de l'islam et princes des Francs se réunirent sous une seule tente et ce fut un jour mémorable. Le sultan al-Malik al-Kāmil et ses frères al-Ašraf et al-Muʿaẓẓam prêtèrent serment aux Francs, puis leur firent prêter serment à leur tour. C'était le mercredi 19 raǧab 618 / 8 septembre 1221. Le sultan prit possession de Damiette, que les Francs avaient tenu un an, dix mois et vingt-quatre jours. Ils retournèrent dans leur pays et le sultan regagna la capitale (*miṣr*) de son royaume. Des deux côtés on libéra les prisonniers retenus depuis l'époque de Saladin jusqu'à la conclusion de cette paix.

Il dit : en ḏū l-qaʿda 618 / 17 décembre 1221-15 janvier 1222, le sultan al-Malik al-Kāmil sortit à cheval de la Citadelle de la Montagne et se rendit au belvédère d'al-Ṣāḥib Ṣafī al-Dīn Ibn Šukr, qui domine le départ du canal du Caire [3]. Il monta chez lui et ils discutèrent au sujet des émirs qui avaient été complices de l'émir ʿImād al-Dīn b. al-Mašṭūb dans l'affaire d'al-Malik al-Fā'iz. Ils furent d'avis de les exiler. Les émirs en question étaient à al-Ǧīza [4] en face de Damiette qu'ils restauraient. Le sultan leur rédigea un rescrit (*dustūr*), leur

1. Littéralement : à l'extérieur des deux Baramūn ; il existe en effet deux villages : al-Baramūn al-Baḥrī et al-Baramūn al-Qiblī, situés sur la rive droite du bras de Damiette. Cf. Halm, II, 709-710 et carte 46 ; Timm, 340-341.

2. Il s'agit du roi Jean de Brienne et du légat Pélage, évêque d'Albano, qui ont effectivement dirigé la Cinquième Croisade, mais ont grandement contribué à son échec par leur constante opposition.

3. Le canal (*al-ḫalīǧ*) : grand canal coulant du sud au nord au pied d'al-Qāhira (actuellement le Šāriʿ Port-Saʿīd). Cf. Staffa, carte 1.

4. Cf. *supra*, p. 31 n. 1

laissant la liberté d'agir, mais leur ordonna de quitter l'Egypte ; il donna leurs concessions (*aḫbāz*) à ses mamelouks.

Année 619 / 15 février 1222-3 février 1223

L'historien dit : en 619, al-Malik al-Mufaḍḍal Quṭb al-Dīn, frère d'al-Malik al-Kāmil, mourut / **135** /au Fayoum dont il était le maître. Il s'y était rendu, y avait séjourné quelque temps, et y avait trouvé la mort. Il fut transporté dans un cercueil par le Nil jusqu'à son mausolée, à Bāb al-Naṣr [1], où il fut inhumé. Le sultan al-Malik al-Kāmil accorda le Fayoum en *darbastā* [2] à l'émir Faḫr al-Dīn ʿUṯmān b. Qizil, son intendant du palais (*ustāḏ al-dār*) [3], avec tous les revenus, la canne à sucre, les bovins, les provisions, les outils (agricoles) ; les gouverneurs et les agents seraient nommés par lui ; on décida qu'il entretiendrait deux cents cavaliers et enverrait au trésor et aux greniers publics une somme d'argent déterminée et une part fixée des récoltes. Faḫr al-Dīn était un grand émir, généreux et bienfaisant, pieux et multipliant les aumônes en secret comme en public ; il restaura les madrasas et les mosquées, il fonda une école (*maktab*) pour les enfants orphelins, et leur attribua un *waqf* important. Aux ermites (*arbāb al-buyūt*) [4] et aux anachorètes retirés, il faisait porter argent, vêtements et vivres. C'était un homme de bien, Dieu l'ait en sa miséricorde.

Année 622 / 13 janvier 1225-1er janvier 1226 [5]

En 622, al-Malik al-Masʿūd Ṣalāḥ al-Dīn, fils du sultan, vint du Yémen se mettre au service de son père, apportant un grand nombre de cadeaux et de présents. Il resta au Caire jusqu'à la fin de 623 / 2 janvier-21 décembre 1226.

1. L'une des deux portes septentrionales d'al-Qāhira.
2. Sur l'*iqṭāʿ darbastā* qui donne le droit à son détenteur de prélever tous les impôts sur son *iqṭāʿ*, y compris ceux qui étaient perçus par le sultan, cf. Rabie, 43. *Darbast* est un mot persan qui signifie « complètement ».
3. Sur cet émir (m. 629/1231), cf. Gottschalk, 171 n. 1. Sur l'évolution de la fonction d'*ustāḏ al-dār* (ou *ustādār*) à l'époque mamelouke, cf. Humphreys, 429 n. 11, Ayalon, « Studies », III, 61-62 et *E.I.* 2, « Mamlūks », 311 (D. Ayalon).
4. Voir Dozy, I, 131.
5. Al-Makīn ne rapporte aucun événement pour les années 620-621 / 1223-5. Pour l'année 622 / 1225-6, aux sources indiquées par Cahen, « al-Makīn », 118, on peut ajouter Maqrīzī, *Sulūk*, I, 1, 215-219, trad. Broadhurst, 192-196.

En 622, mourut al-Ṣāḥib Ṣafī al-Dīn ʿAbd Allāh b. ʿAlī Ibn Šukr, le vendredi 8 šaʿbān / 15 août 1225. Le sultan fit saisir ses fils, tous ses biens, ses propriétés et ses trésors ; il enferma ses deux fils Tāğ al-Dīn et ʿIzz al-Dīn dans le pavillon (*qāʿa*) de Sahm al-Dīn dans la rue d'Assouan [1] au Caire (al-Qāhira) La Bien Gardée ; après lui, il ne prit plus de vizir.

Il dit : cette année-là, mourut l'imam al-Nāṣir li-Dīn Allāh, calife de Bagdad, le 2 šawwāl / 7 octobre 1225, ou, selon d'autres, la nuit de la fête de la rupture du jeûne / 5-6 octobre 1225. Son califat avait duré quarante-six ans et onze mois.

Sa biographie : ce fut un homme de mérite, cultivé, un homme de jugement et de discernement, résolu, bon politique, d'intelligence vive et d'une grande présence d'esprit. Mais il aimait amasser de l'argent ; il se montrait injuste envers le peuple, les marchands, ceux qui fréquentaient Bagdad, et prenait leurs biens. Il traitait lui-même ses affaires, il allait à cheval parmi les gens, les rencontrait et s'informait de leur situation.

L'historien dit : son califat avait duré quarante-six ans, dix mois et vingt-quatre jours ; son règne avait commencé un dimanche et se termina un samedi, huit mois et vingt-six jours après la fin de 621 de l'hégire, ce qui correspond à l'an solaire du monde 6717 et trente-sept jours [2].

Cinquante-sixième calife et trente-cinquième calife abbasside

Al-Ẓāhir billāh Abū Naṣr Muḥammad b. al-Nāṣir b. al-Mustaḍī

Il fut reconnu calife le jour de la mort de son père et sur sa désignation, le 2 šawwāl 622 / 7 octobre 1225. Son père, lorsqu'il vivait, l'avait tenu longtemps enfermé, mais, au moment de mourir, l'avait fait sortir de prison et désigné pour le califat. Ce jour-là, le serment lui fut prêté par la population. Il avait plus de cinquante ans, et disait : « Quand celui qui ouvre boutique l'après-midi percevra-t-il ses premiers gains ? »

1. Sur cette rue d'al-Qāhira, voir Maqrīzī, *Ḫiṭaṭ*, II, 37 et 45.
2. Correspondance erronée puisque l'an du monde 6717 commence le 29 août 1224 et se termine le 28 août 1225.

Année 623 / 2 janvier 1226-21 décembre 1226 [1]

Il dit : en 623, des robes d'honneur du calife al-Ẓāhir billāh arrivèrent ainsi qu'un diplôme d'investiture (*taqlīd*) à l'intention du sultan al-Malik al-Kāmil et de ses fils al-Malik al-Mas'ūd et al-Malik al-Ṣāliḥ Naǧm al-Dīn Ayyūb. Il y avait aussi une robe d'honneur pour son vizir Ṣafī al-Dīn Ibn Šukr ; celui-ci étant mort, / **136** / le sultan ordonna à al-Faḫr Sulaymān [2], secrétaire de chancellerie (*kātib al-inšā'*) de revêtir cette robe. Le sultan et ses fils revêtirent la leur, et, partant de Bāb al-Naṣr, ils traversèrent Le Caire (al-Qāhira), et sortirent par Bāb Zuwayla [3], d'où ils remontèrent à la citadelle : ce fut un jour mémorable.

Il dit : cette année-là, al-Malik al-Mas'ūd repartit pour le Yémen ; il avait auparavant demandé à rester au Caire au service de son père al-Malik al-Kāmil, et (s'était engagé) à remettre le Yémen à qui le sultan l'ordonnerait ; mais celui-ci avait refusé.

Il dit : cette année-là, l'imam al-Ẓāhir, calife de Bagdad, mourut le 14 raǧab 623 / 11 juillet 1226, après un règne de neuf mois et vingt-quatre jours.

Sa biographie : ce fut un homme de bien, juste, généreux et pieux, faisant de larges aumônes et ennemi des injustices. On rapporte qu'il restitua aux marchands et au peuple les biens que son père al-Nāṣir li-Dīn Allāh leur avait pris. Parmi eux, il y avait un marchand persan, auquel al-Nāṣir avait pris trois mille dinars. L'imam al-Ẓāhir prescrivit de les lui restituer ; le marchand refusa de les recevoir en disant : « J'y ai renoncé et les ai destinés à la cause de Dieu ; je n'ai donc pas à les reprendre. » L'imam al-Ẓāhir ordonna d'en faire des aumônes au nom de leur possesseur, le marchand persan, et de pardonner ainsi les injustices de son père al-Nāṣir. De même, il demanda à tous ceux auxquels il rendait leur argent de pardonner à son père. Par ma vie, c'est là une conduite d'un grand mérite et le fait d'une âme noble.

L'historien dit : le califat d'al-Ẓāhir avait duré neuf mois et neuf jours ; il avait commencé un dimanche et fini un vendredi, six mois et onze jours après la fin de l'an 622 de l'hégire, ce qui correspond à l'an solaire du monde 6717, dix mois et seize jours [4].

1. Aux sources indiquées par Cahen, « al-Makīn »,118, on peut ajouter Maqrīzī, *Sulūk*, I, 1, 219-221, trad. Broadhurst, 196-198.
2. Sur al-Faḫr Sulaymān b. Maḥmūd b. Abī Ġālib al-Dimašqī (m. 630/1232), cf. Gottschalk, 210 n. 1.
3. Porte méridonale d'al-Qāhira.
4. L'an du monde commence le 29 août 1224 et se termine le 28 août 1225.

Cinquante-septième calife et trente-sixième calife abbasside

L'imam al-Mustanṣir billāh Abū Ǧaʿfar al-Manṣūr b. al-Ẓāhir b. al-Nāṣir

Il fut reconnu calife le jour de la mort de son père, le 14 rağab 623 / 11 juillet 1226 ; il avait 20 ans.

Année 624 / 22 décembre 1226-11 décembre 1227 [1]

Il dit : en 624, en raison de ce qu'al-Malik al-Kāmil avait appris au sujet de son frère al-Muʿaẓẓam, maître de Damas, la discorde s'installa entre eux. Al-Malik al-Kāmil écrivit alors à l'empereur, roi des Allemands, de venir en Syrie et sur le littoral, (promettant) de lui donner Jérusalem et toutes les conquêtes de Saladin sur le littoral [2]. Al-Malik al-Muʿaẓẓam écrivit au Khwārizm-shāh Ǧalāl al-Dīn, qui s'était rendu maître d'Aḫlāṭ et de l'Arménie, les ajoutant à ses possessions d'Iran proches d'Aḫlāṭ ; il lui demanda de lui prêter secours contre son frère al-Malik al-Kāmil ; en échange, il se mettrait dans sa dépendance, prononcerait le sermon (*ḫuṭba*), et frapperait les dinars et les dirhams en son nom. Ǧalāl al-Dīn accepta, et envoya une robe d'honneur à al-Muʿaẓẓam qui, l'ayant revêtue, traversa la ville de Damas ; il cessa de prononcer la *ḫuṭba* au nom d'al-Malik al-Kāmil. Sur ces entrefaites, al-Malik al-Kāmil fit ses préparatifs, et partit avec ses troupes pour enlever Damas à son frère al-Muʿaẓẓam ; il campa entre Bilbays et al-ʿAbbāsa [3], en ramaḍān 624 /15 août-13 septembre 1226. Al-Malik al-Muʿaẓẓam lui adressa le message suivant : « J'ai fait vœu devant Dieu de donner mille dinars en aumône à chaque étape de ta marche contre moi, car toutes tes troupes me sont favorables — (comme en témoignent) leurs lettres qui sont en ma possession — et je te ferai prisonnier avec ton armée. » C'est ce qu'il lui disait secrètement, **/ 137 /** mais, publiquement, il déclarait : « Je suis ton

1. Aux sources indiquées par Cahen, « al-Makīn », 118, on peut ajouter Maqrīzī, *Sulūk*, I, 1, 221-224, trad. Broadhurst, 198-201.

2. Sur les négociations entre Frédéric II et le sultan al-Kāmil et sur le traité de Jaffa (18 février 1229), cf. Setton, II, 448-457 ; Prawer, II, 175-180, 184-185 et 193-206 ; Humphreys, 193-203 ; E. Kantorowicz, *L'Empereur Frédéric II* , Paris, 1987 (rééd.), 159-198.

3. Sur Bilbays, au nord du Caire, à l'est du delta du Nil, cf. *E.I.* 2, « Bilbays » (G. Wiet). Sur ʿAbbāsa, au nord-est de Bilbays, ancienne installation toulounide, cf. *E.I.* 2, « ʿAbbāsa » (G. Wiet), et Halm, II, cartes 25 et 30.

esclave (*mamlūk*), et je n'ai pas renoncé à mon affection et à mon obéissance envers toi. Garde-toi de venir me combattre, alors que je suis le premier de tous les princes de Syrie et d'Orient à t'avoir porté secours et à être entré à ton service. » Le sultan rendit public ce message auprès des émirs, et revint à sa capitale (*mustaqarr mulkihi*). Ensuite, le sultan apprit qu'al-Malik al-Muʿaẓẓam avait campé devant Homs, l'avait assiégée et était sur le point de la prendre ; il lui fit dire de lever le siège et al-Muʿaẓẓam s'éloigna.

Cette année-là, al-Malik al-Kāmil fit arrêter plusieurs émirs mamelouks de son père qu'il soupçonnait d'avoir correspondu avec al-Malik al-Muʿaẓẓam, entre autres Faḫr al-Dīn Alṭunbā al-Ḥubayšī, Faḫr al-Dīn Alṭunbā al-Fayyūmī [1], émir *ǧāndār* [2], et dix émirs Baḥrīya ʿĀdilīya [3] ; il les fit enfermer, et confisqua leur fortune et leurs biens.

Il dit : cette année-là, il tomba dans la ville d'Alep une pluie de sable rouge semblable à de la grêle qui contenait de la terre analogue à de la craie.

Cette année-là également, al-Malik al-Muʿaẓẓam ʿĪsā, maître de Damas, mourut le vendredi, à la fin de ḏū l-qaʿda [4]. Il avait régné, depuis la mort de son père, huit ans, six mois et vingt-deux jours.

Sa biographie : ce fut un prince généreux et vaillant, homme de mérite et cultivé, juste et bienfaisant, de caractère doux et facile. Son fils al-Malik al-Nāṣir Dā'ūd régna après lui à Damas et sur l'ensemble de ses territoires ; il établit fermement son pouvoir, mais il opprima et traita injustement les gens, s'empara de leurs biens, s'adonna à la boisson, au divertissement et à la musique, et se détourna des intérêts de son Etat.

1. Sur Alṭunbā (ou Alṭunbuġā) al-Ḥubayšī (ou al-Ǧayšī) et al-Fayyūmī, cf. Gottschalk, 143-4 n. 1.

2. Sous les Seldjouqides, *ǧāndār* était le nom donné à certains régiments de la garde ; sous les Ayyoubides l'émir *ǧāndār* occupait diverses fonctions importantes auprès du sultan. Cf. *E.I.* 2, « Djāndār » (Réd.). Pour l'époque mamelouke, cf. Ayalon, « Studies », III, 63-64.

3. Les émirs mamelouks Baḥrīya étaient ainsi appelés parce qu'ils étaient cantonnés dans l'île de Rawḍa, sur le Nil (Baḥr al-Nīl). En réalité, ce nom ne fut porté que plus tard par les mamelouks d'al-Ṣāliḥ Ayyūb (637-647/1240-1249). Les contingents de mamelouks étaient habituellement désignés par le nom du maître qui les avait achetés, formés, affranchis et dont ils dépendaient, comme ici les ʿĀdilīya. Cf. *E.I.* 2, les articles de D. Ayalon « Baḥriyya » et « Mamlūks ».

4. Le 30 ḏū l-qaʿda correspond au 11 novembre 1226.

Année 625 / 12 décembre 1227-29 novembre 1228 [1]

Ayant appris cela, al-Malik al-Kāmil changea de disposition envers al-Nāṣir Dā'ūd ; il fit ses préparatifs et partit vers la Syrie avec ses troupes pour prendre Damas et s'en rendre maître. Il laissa comme lieutenant au Caire son fils al-Ṣāliḥ Naǧm al-Dīn Ayyūb, et plaça à ses côtés l'émir Faḫr al-Dīn Ibn al-Šayḫ [2] chargé de percevoir les impôts et d'administrer le royaume : cela se passa en raǧab 625 / 6 juin-5 juillet 1228. Puis al-Malik al-Nāṣir Dā'ūd apprit qu'al-Malik al-Kāmil était parti pour s'emparer de son territoire. Loin de lui envoyer un message et de solliciter sa bienveillance, il écrivit à son oncle al-Malik al-Ašraf, pour le prier de venir et de le défendre contre al-Malik al-Kāmil. Al-Malik al-Ašraf arriva à Damas et rencontra son neveu al-Nāṣir. Mais il constata ses agissements blâmables, ce qui l'amena à le prendre en aversion et aussi lui donna envie d'acquérir Damas ; en effet, le Khwārizm-shāh Ǧalāl al-Dīn lui avait pris Aḫlāṭ et ne lui avait laissé que Ḥarrān, Edesse, la Djéziré, Sinǧār et sa province, ainsi que la région du Ḫābūr [3]. La raison en était que le chambellan (*ḥāǧib*) 'Alī, esclave (*ġulām*) d'al-Ašraf [4], avait envahi les territoires de Ǧalāl al-Dīn limitrophes d'Aḫlāṭ qu'il avait dévastés et pillés ; il avait capturé, dans la ville de Tabriz (Tawrīz) [5] où elle résidait, la fille du vizir Ǧihān Ḫawāǧā, épouse de Ǧalāl al-Dīn, et l'avait envoyée à al-Malik al-Ašraf. Ayant appris cela, Ǧalāl al-Dīn était allé assiéger Aḫlāṭ, l'avait conquise, et avait capturé la fille du roi des Géorgiens, épouse d'al-Malik al-Ašraf [6]. Celui-ci envoya l'ordre à son mamelouk 'Izz

1. Aux sources indiquées par Cahen, « al-Makīn », 118, on peut ajouter Maqrīzī, *Sulūk*, I, 1, 225-229, trad. Broadhurst, 201-205.

2. Sur Faḫr al-Dīn et sa famille, cf. Gottschalk, « Aulād », 65-78 et Cahen, « Sa'd al-Dīn », 320-337.

3. Sur la rivière du Ḫābūr, l'un des principaux affluents de l'Euphrate, et sur Sinǧār, ville du Diyār Rabī'a, à l'ouest de Mossoul, cf. *E.I.* 2, « Khābūr » (Réd.) et Elisséeff, *N.D.*, 124-130. Sur les possessions orientales d'al-Ašraf, cf. Humphreys, 214-215.

4. Sur le chambellan Ḥusām al-Dīn 'Alī b. Ḥammād al-Mawṣilī, gouverneur d'Aḫlāṭ au nom d'al-Ašraf et sur tous ces événements, cf. Gottschalk, 176-181 et Humphreys, 215-217. Sur la fonction de chambellan au VIIe/XIIIe siècle, cf. Ayalon, « Studies », III, 60, et Gaudefroy-Demombynes, LVIII.

5. Tabrīz était souvent appelée Tawrīz dans le langage populaire. Cf. *Mufarriǧ*, IV, 48 n. 2.

6. Sur cette princesse géorgienne, cf. V. Minorsky, *Studies in Caucasian History*, *Cambridge Oriental Series*, 6, Londres, 1953, 155-156.

al-Dīn, maître de Dārā [1], d'arrêter et de mettre à mort le chambellan (*ḥāǧib*) ʿAlī, ce qu'il fit.

Al-Malik al-Kāmil arriva à Naplouse, s'y arrêta, établit dans la région du littoral les gouverneurs, les lieutenants, et les bureaux (*dawāwīn*). Il apprit que l'empereur était arrivé à Jaffa au jour fixé ; le sultan se replia alors de Naplouse à Tall al-ʿAǧūl [2], où il campa. L'empereur et lui échangèrent une série de messages par l'intermédiaire de l'émir Faḫr al-Dīn Ibn al-Šayḫ ; celui-ci ne cessa d'aller trouver l'empereur tantôt seul, tantôt accompagné d'al-Ṣalāḥ al-Irbilī [3], jusqu'à ce que la paix fût conclue : l'empereur recevait Jérusalem et les villages situés sur la route de Jérusalem à Jaffa, ainsi que la ville de Lydda.

Année 626 / 30 novembre 1228-19 novembre 1229 [4]

Alors commença l'année 626, et **/ 138 /** la paix fut établie pour une durée de dix ans, cinq mois et quarante jours, à partir du dimanche 22 rabīʿ I / 18 février 1229.

Il dit : l'empereur prit possession de Jérusalem, de Lydda, et des localités situées sur la route. Les imams et les muezzins de la Coupole du Rocher et de la mosquée al-Aqṣā se rendirent au seuil de la tente de réception (*dihlīz*) d'al-Malik al-Kāmil et, là, firent l'appel à la prière à une heure inhabituelle. Al-Malik al-Kāmil prit fort mal la chose, ordonna de leur prendre les tentures, les candélabres d'argent et tous les objets qu'ils avaient apportés, et les renvoya à leurs affaires [5].

L'historien dit : l'empereur demanda au sultan Tibnīn et sa province, parce que le seigneur de ce lieu, qui était la fille de Onfroi [6], l'avait sollicité à ce sujet. Le sultan lui remit ce territoire, et cela fut porté dans le texte de la trêve conclue entre eux.

1. Sur ʿIzz al-Dīn Aybak al-Ašrafī (m. 627/1229), cf. Gottschalk, 96 n. 1 et 181. Sur Dārā près de Niṣībīn, au Nord du Diyār Rabīʿa, cf. *Aʿlāq*, (Djéziré), 140-144 et Elisséeff, *N.D.*, 121.
2. Tall al-ʿAǧūl, près de Gaza. Sur la croisade de Frédéric II, cf. *supra*, p. 38, n. 2.
3. Sur Ṣalāḥ al-Dīn Aḥmad al-Irbilī (m. 631/1233), cf. Gottschalk, 154-155 et n. 1.
4. Aux sources indiquées par Cahen, « al-Makīn », 119, on peut ajouter Maqrīzī, *Sulūk*, I, 1, 229-237, trad. Broadhurst, 205-212.
5. Dans l'édition, le dernier mot de ce paragraphe est *ḥāšiya*, qui signifie note marginale ; il figure bien dans le ms. Laleli, mais pour indiquer que le passage suivant se trouvait ajouté dans la marge du ms. original.
6. Alix, la nièce (et non la fille) d'Onfroi III (ou IV) de Toron, mort en 1198 sans enfants, était l'héritière de Toron (Tibnīn). Cf. Ch. Du Cange, *Les Familles d'Outre-Mer*, publié par E.-G. Rey, Paris, 1869 (réimpr. New York, 1971), 473-474.

Le sultan marcha contre Damas. Son frère al-Malik al-ʿAzīz ʿImād al-Dīn ʿUṯmān, maître de Bāniyās, arriva auprès de lui, accompagné de son fils al-Malik al-Ẓāhir. Al-Malik al-Kāmil lui fit porter cinquante mille dinars pour lui-même et dix mille pour son fils, ainsi que de grandes étoffes et des robes d'honneur ; il leur fit dresser une grande tente, avec une tente de réception (*dihlīz*), et, autour, d'autres tentes avec tous les objets dont ils pouvaient avoir besoin : cela dans un lieu proche de Yubnā [1]. Quelques jours plus tard, l'émir ʿIzz al-Dīn al-Muʿaẓẓamī arriva à son service, accompagné d'un grand nombre de ses compagnons d'armes (*ḫušdāšīya*) al-Muʿaẓẓamīya [2] ; le sultan lui accorda vingt mille dinars en espèces prélevés dans le trésor, lui assigna sur Qūṣ vingt mille *irdabbs* de produits récoltés, et lui donna toutes les propriétés d'al-Ṣāḥib Ṣafī al-Dīn Ibn Šukr ; il fit, de même, des dons à ses compagnons d'armes, à chacun selon son rang.

Puis le sultan al-Malik al-Kāmil se rendit à Damas, et l'assiégea. Lorsque son frère al-Malik al-Ašraf apprit son arrivée, il alla se mettre à son service, et resta auprès de lui. Puis al-Malik al-Muǧāhid, maître de Homs, arriva avec ses fils, et tous furent d'accord pour enlever Damas à son maître. Lorsqu'al-Malik al-Nāṣir apprit tout cela de manière certaine, il envoya l'émir ʿIzz al-Dīn Aybak al-Muʿaẓẓamī, maître de Ṣarḫad [3], demander au sultan al-Malik al-Kāmil de lui concéder la citadelle d'al-Karak, al-Ṣalt, al-Balqāʾ [4], Naplouse, le territoire de Jérusalem et la vallée du Jourdain (Aġwār) ; en échange, il renoncerait à Damas qu'il lui remettrait. Le sultan acquiesça, lui prêta serment, et reçut Damas en šaʿbān de cette année / 25 juin-23 juillet 1229. Il la donna à son frère al-Malik al-Ašraf, et confirma à l'émir ʿIzz al-Dīn, maître de Ṣarḫad, ses possessions ; en échange, al-Malik al-Ašraf donna au sultan al-Malik al-Kāmil, qui accepta et l'en remercia, Ḥarrān, Edesse, Sarūǧ, Raʾs al-ʿAyn, Raqqa,

1. Ce nom n'est pas ponctué dans nos mss. et dans l'édition, mais nous avons pu l'identifier grâce à Maqrīzī, *Sulūk*, I, 1, 233, trad. Broadhurst, 209. Il y a deux localités qui portent ce nom, l'une entre Jaffa et Ascalon, l'autre dans la région d'al-Balqāʾ, au sud-est de la vallée du Jourdain (cf. Le Strange, *Palestine*, 533). C'est probablement de cette dernière dont il s'agit ici. Cf. Gottschalk, 163 et 165-66 n. 1.

2. Sur les *ḫušdāšīya*, c'est-à-dire les mamelouks formés et affranchis ensemble, cf. Ayalon, *L'esclavage du Mamelouk*, 29-30, 36-37 et *E.I.* 2, « Mamlūks », 310 (D. Ayalon). Sur le nom des contingents mamelouks, cf. *supra*, p. 39, n. 3.

3. Sur cet émir (m. 646/1248), cf. Gottschalk, 145 et n. 2. Sur Ṣarḫad ou Ṣalḫad dans le Hauran, cf. Le Strange, *Palestine*, 529 ; *Aʿlāq* (L.P.J.), 55-64.

4. Al-Ṣalt, localité au nord-ouest de Amman, à l'est de la vallée du Jourdain. Al-Balqāʾ est la région qui s'étend autour. Cf. Le Strange, *Palestine*, 35 et 529-530 ; *Aʿlāq* (L.P.J.), 83-85.

al-Muwazzar et Ǧumulīn [1]. Le sultan envoya l'émir Faḫr al-Dīn Ibn al-Šayḫ prendre possession de ces territoires auprès des lieutenants d'al-Malik al-Ašraf; l'émir s'y rendit, puis le sultan le rejoignit quelques jours plus tard et arriva à al-Raqqa, la nuit de la rupture du jeûne de cette année / 22-23 août 1229. Quand il eut célébré la fête à al-Raqqa, il gagna Ḥarrān, inspecta les affaires du pays et prit les mesures nécessaires, puis il entreprit d'engager des troupes pour en assurer la défense, et il confia cette charge à l'émir Bahā' al-Dīn b. Malkišū [2], qui engagea deux mille cavaliers.

Cette année-là, al-Malik al-Kāmil expédia une grande armée contre Hama ; il la conquit et la remit à son neveu al-Malik al-Muẓaffar, auquel il l'avait promise. Il arrêta son neveu al-Malik al-Nāṣir, et l'envoya au Caire, où il fut emprisonné.

Cette année-là, mourut, à La Mecque, al-Malik al-Mas'ūd Aqsīs, fils d'al-Malik al-Kāmil, souverain du Yémen. Informé de l'expédition menée par son père contre Damas, il avait eu l'intention de venir se mettre à son service pour lui demander de lui accorder Damas **/ 139 /** en échange du Yémen, mais il mourut à La Mecque, et y fut enterré. Ses mamelouks et ses émirs arrivèrent auprès du sultan, avec son fils Ṣalāḥ al-Dīn, son harem, ses trésors et ses tentes. Le sultan fut affligé et s'habilla de blanc. Al-Malik al-Mas'ūd avait placé comme lieutenant au Yémen Nūr al-Dīn b. Rasūl [3], qui s'en empara et s'en rendit maître ; il envoyait au sultan al-Malik al-Kāmil de somptueux cadeaux et disait n'être que son lieutenant en ce pays. Puis il mourut et son fils al-Malik al-Muẓaffar régna après lui.

1. Toutes ces localités, sauf Ra's al-'Ayn, font partie du Diyār Muḍar, c'est-à-dire de la partie occidentale de la Djéziré. Ra's al-'Ayn, sur le Ḫābūr, affluent de l'Euphrate, appartient déjà à la partie orientale ou Diyār Rabī'a. Cf. *A'lāq* (Djéziré), 40-109, 145-150 ; Elisséeff, *N.D.*, 152-154, 139-146.

2. Le nom de cet émir est écrit M.L.K.ĪŠŪ dans Maqrīzī, *Sulūk*, I, 2, 282, trad. Broadhurst, 243 et 245.

3. Fondateur de la dynastie rasulide au Yémen (1229-1454). Cf. G.R. Smith, *The Ayyūbids and Early Rasūlids in the Yemen*, vol. 2, Londres, 1978, 88 et s. ainsi que *L'Arabie du Sud. Histoire et civilisation* (dir. J. Chelhod), II, *La société yéménite de l'hégire aux idéologies modernes*, Paris, 1984, 42-47.

Année 627 / 20 novembre 1229-8 novembre 1230 [1]

En 627, le sultan désigna l'eunuque (*ṭawāšī*) Šams al-Dīn al-'Ādilī [2] comme lieutenant dans les territoires d'Orient, et lui donna al-Muwazzar, concession (*ḫubz*) correspondant à cent cavaliers ; ceci s'ajoutait à ses *iqṭā'* d'Egypte, à savoir la province d'Iḫmīm [3] et ses dépendances, ce qui au total représentait une concession (*ḫubz*) de trois cent cinquante cavaliers. Il établit Kamāl al-Dīn Aḥmad Ibn al Šayḫ vizir [4] et s'en alla vers al-Raqqa. Il apprit que son fils al-Ṣāliḥ Naǧm al-Dīn Ayyūb voulait s'emparer du pouvoir en Egypte et qu'il avait acheté mille mamelouks. Celui-ci était, comme nous l'avons déjà dit, le lieutenant d'al-Kāmil au Caire. Le frère du sultan, al-Malik al-Ašraf, vint à al-Raqqa, sur les bords de l'Euphrate. Il raconta que les envoyés du sultan 'Alā' al-Dīn [5], souverain de Rūm, étaient arrivés auprès de lui et l'avaient informé que le Khwārizm-shāh, Ǧalāl al-Dīn, avait conçu le projet d'attaquer le (souverain de) Rūm et que celui-ci demandait donc des secours. Le sultan expédia son frère al-Malik al-Ašraf à la tête de toutes les armées de Syrie, et l'eunuque (*ṭawāšī*) Šams al-Dīn Ṣawāb à la tête de l'armée d'Orient, pour porter secours au souverain de Rūm ; ils se mirent en route. Al-Malik al-Kāmil repartit pour l'Egypte où il arriva en raǧab 627 / 16 mai-14 juin 1230. Il changea totalement de dispositions envers son fils, al-Malik al-Ṣāliḥ, quand il apprit que celui-ci voulait s'emparer du pouvoir. Il l'expulsa d'Egypte, et l'envoya en Orient sans rien lui donner. Al-Ṣāliḥ s'y rendit et y demeura, alors que l'eunuque (*ṭawāšī*) Ṣawāb était, à cette époque, lieutenant du sultanat (*nā'ib al-salṭana*) dans les territoires d'Orient.

Le souverain de Rūm rassembla ses troupes ; al-Malik al-Ašraf arriva auprès de lui à la tête des armées de Syrie, accompagné de ses frères, Šihāb al-Dīn Ġāzī, maître de Mayyāfāriqīn, et al-Malik al-'Azīz

1. Aux sources indiquées par Cahen, « al-Makīn », 119, on peut ajouter Maqrīzī, *Sulūk*, I, 237-240, trad. Broadhurst, 212-214, qui précise, comme al-Makīn, les *iqṭā'* de Šams al-Dīn Ṣawāb.

2. Sur Šams al-Dīn Ṣawāb al-'Ādilī (m. 632/1234), cf. Gottschalk, 165-166 et n. 1. Le terme de *ṭawāšī* peut signifier dans d'autres contextes « cavalier ». Cf. Ayalon, « Studies », II, 464-467.

3. Iḫmīm ou Aḫmīm, ville de Haute Egypte, à environ 500 km du Caire. Cf. *E.I.*, 2, « Akhmīm » (G. Wiet).

4. Le texte arabe n'est grammaticalement pas correct, mais le sens est clair. Sur Kamāl al-Dīn (m. 640/1242) Ibn al-Šayḫ, frère de Faḫr al-Dīn, cf. Gottschalk, « Aulād », 82-83, et Cahen, « Sa'd al-Dīn », 459.

5. Sur le sultan seldjouqide 'Alā' al-Dīn Kayqubād, qui régna de 617/1220 à 634/1237, cf. Cahen, *Turquie*, 74-89.

ʿImād al-Dīn ʿUṯmān, maître de Bāniyās ; arrivèrent aussi al-Malik al-Manṣūr b. Asad al-Dīn Šīrkūh commandant les troupes de son père, maître de Ḥoms, et le contingent d'Alep. Ils affrontèrent le Khwārizm-shāh Ǧalāl al-Dīn à Yāsī Ǧimān [1], aux confins du pays de Rūm, remportèrent la victoire et le mirent en fuite, le 27 ramaḍān 627 / 9 août 1230. Tandis qu'ils fuyaient, un vent violent, chargé de poussière, leur souffla au visage. La plupart tombèrent dans un ravin, où ils périrent tous, et, avec Ǧalāl al-Dīn, seuls quelques-uns en réchappèrent.

Il dit : le sultan Khwārizm-shāh Ǧalāl al-Dīn avec ses compagnons passa par Aḫlāṭ sans y entrer, et continua vers Marand [2], en Iran, près de Tabriz (Tawrīz) ; il campa dans ses pâturages, qui sont très étendus, et il se mit à boire du vin. Les Tatars fondirent sur lui à l'improviste alors qu'il était ivre ; l'un de ses proches lui versa sur la tête une jarre d'eau froide qui le réveilla de son ivresse. Il enfourcha son cheval et se sauva, avec une poignée d'hommes, tandis que les Tatars massacraient un grand nombre de ses compagnons.

Années 628-629 / 9 novembre 1230-28 octobre 1231 29 octobre 1231-17 octobre 1232 [3]

Il dit : en 628, le Khwārizm-shāh Ǧalāl al-Dīn affronta les Tatars, fut vaincu et s'enfuit vers Āmid ; le maître de la ville ferma les portes et lui interdit d'entrer, alors que les Tatars étaient à ses trousses. Ǧalāl al-Dīn poursuivit jusqu'au territoire de Mayyāfāriqīn, où il s'arrêta seul dans un village. Un Kurde, dont il avait tué le frère, le reconnut, le tua, et lui prit les habits qu'il avait sur lui ainsi que son cheval. Il voulut vendre l'un de ces vêtements à Mayyāfāriqīn, mais on ne crut pas (ses paroles) ; il fut saisi, et conduit devant al-Malik al-Muẓaffar Šihāb al-Dīn Ġāzī, qui le contraignit à avouer. Il reconnut que c'étaient les habits du Khwārizm-shāh Ǧalāl al-Dīn, et qu'il l'avait tué. Al-Malik al-Muẓaffar Šihāb al-Dīn Ġāzī ordonna de le pendre ; il fut pendu ainsi que ses frères. **/ 140 /** On tua (aussi) sa famille, ses proches, les cheikhs du village, et le village lui-même fut détruit. Al-Muẓaffar dit : « Un sultan d'une telle puissance, quelle folie les a

1. Yasiğčimar (Gottschalk, 190) ou Yasï-Tshoman (Cahen, *Turquie*, 83-84), à l'ouest d'Erzindjan sur la route de Siwas.

2. En Azerbaïdjan. Cf. *E.I.* 2, « Marand » (V. Minorsky-C.E. Bosworth).

3. Aux sources indiquées par Cahen, « al-Makīn », 119, on peut ajouter Maqrīzī, *Sulūk*, I, 1, 240, trad. Broadhurst, 214-217.

pris ! Par Dieu, s'ils me l'avaient amené vivant, je les aurais comblés de richesses. »

Il dit : les Tatars s'emparèrent d'Aḫlāṭ, de l'Arménie, et de tous les territoires d'Iran avoisinant Aḫlāṭ qui avaient appartenu au Khwārizm-shāh Ǧalāl al-Dīn.

Cette année-là, al-Malik al-Ašraf arriva au Caire au service du sultan al-Malik al-Kāmil. Il lui apprit qu'Āmid et son territoire ainsi que Ḥiṣn Kayfā [1] étaient vides de troupes, leur souverain, indifférent au bien du peuple, s'adonnant au divertissement et à la musique, à la bonne chère, à la boisson et à la luxure. Il demanda à al-Malik al-Kāmil d'aller s'emparer d'Āmid. Celui-ci organisa une expédition et partit à la tête de ses troupes en ǧumādā II de cette année (629) / 25 mars-22 avril 1232 dans le but de prendre cette ville et son territoire. Le maître d'Āmid, al-Malik al-Mas'ūd b. al-Malik al-Ṣāliḥ b. Artuq [2], apprit que le sultan marchait contre son pays et il envoya son vizir Šaraf al-'Alā' au devant de lui, pour implorer sa bienveillance et régler avec lui cette affaire. Lorsque Šaraf al-'Alā' arriva au service du sultan al-Malik al-Kāmil, il le mit au courant de la vie et de la mauvaise conduite de son maître qui, passant son temps à manger, à boire, à se divertir, se détournait de l'administration de son royaume tandis que le pays était vide de troupes. Le vizir exhorta le sultan à la conquête du pays. Celui-ci se mit en route, et assiégea Āmid en ḏū l-ḥiǧǧa de cette année (629) / 18 septembre-17 octobre 1232.

Année 630 / 18 octobre 1232-6 octobre 1233 [3]

En 630, le sultan al-Malik al-Kāmil fit donner l'assaut contre Āmid, le premier muḥarram / 18 octobre 1232, et l'enleva. Il s'empara de tous les revenus et trésors qui s'y trouvaient ; il saisit le maître de la ville, al-Malik al-Mas'ūd, l'emprisonna, le tortura, le fit suspendre au pied de la citadelle, jusqu'à ce qu'il lui remît Ḥiṣn Kayfā. Puis il s'empara des autres forteresses et citadelles et de tout le royaume. Il établit Šihāb al-Dīn Ġāzī b. Šams al-Mulūk [4] lieutenant du sultanat à Āmid,

1. En Turquie actuelle, sur la rive droite du Tigre. Cf. *E.I.* 2, « Ḥiṣn Kayfā » (S. Ory).

2. Sur le dernier prince artuqide d'Āmid, al-Malik al-Mas'ūd Rukn al-Dīn Mawdūd (619-630/1222-1232), et sur son vizir (inconnu par ailleurs), cf. Gottschalk, 205-206.

3. Aux sources indiquées par Cahen, « al-Makīn », 119, on peut ajouter Maqrīzī, *Sulūk*, I, 1, 244-247, trad. Broadhurst, 217-219.

4. Šihāb al-Dīn Ġāzī était un arrière petit-fils de Saladin. On sait peu de choses sur lui. Cf. Gottschalk, 208.

avec Muʿīn al-Dīn Ibn al-Šayḫ [1] comme vizir et l'eunuque (*ṭawāšī*) Šams al-Dīn Ṣawāb comme chef de l'administration des armées des deux principautés : Āmid d'une part, Ḥarrān, Edesse, et la Djéziré d'autre part. Ainsi, Šihāb al-Dīn Ġāzī b. Šams al-Mulūk ne conservait qu'un simple titre. Le sultan accorda à son fils al-Malik al-Ṣāliḥ Naǧm al-Dīn Ayyūb Ḥiṣn Kayfā et sa province. Puis il retourna en Egypte, cette même année, emmenant avec lui jusqu'au Caire al-Malik al-Masʿūd, maître d'Āmid, qu'il traita généreusement et auquel il concéda des *iqṭāʿ* en Egypte.

Cette année-là, Muẓaffar al-Dīn b. Zayn al-Dīn, maître d'Irbil [2], mourut à la fin du mois de ramaḍān / début juillet 1233 ; au lendemain de sa mort, les lieutenants du calife, l'imam al-Mustanṣir billāh, s'emparèrent d'Irbil, y pénétrèrent et s'en rendirent maîtres ; la ville fit alors partie du royaume de Bagdad. Muẓaffar al-Dīn, maître d'Irbil, était un homme de vertu et de grand bien, faisant de larges aumônes. Il se rendait en personne à l'hôpital d'Irbil pour s'enquérir de l'état des malades, il distribuait aux pauvres, tous les ans, trois mille vêtements, et autant de keffiehs, de manteaux (*ʿabāya*) et de chaussures. Ses bienfaits furent connus dans (tous) les pays et les gens vinrent le trouver de partout.

Entre autres histoires qu'on raconte de lui il y a celle de la ruse par laquelle il trompa Badr al-Dīn Lu'lu', maître de Mossoul [3]. Il lui (envoya un messager) pour l'abuser par ces propos : « Je suis un vieil homme malade, et je crains de mourir ; les fils d'al-ʿĀdil s'empareraient alors d'Irbil et deviendraient tes voisins. Je n'ai pas confiance en leur conduite à ton égard, aussi viens afin que je te remette Irbil. » Badr al-Dīn Lu'lu' se rendit auprès de lui ; quand il se présenta, le vizir se leva pour le saluer, et lui fit un signe de la main que Badr al-Dīn comprit. Celui-ci dit alors qu'il souhaitait saluer la Dame (*al-Ṣāḥiba*), c'est-à-dire Rabīʿa Ḫātūn, fille d'Ayyūb et femme de Muẓaffar al-Dīn, dont la résidence était située au pied de la citadelle. **/ 141 /** Il se leva et descendit pour la saluer ; mais, enfourchant son cheval, il sortit par la porte d'Irbil et se rendit à Mossoul. Muẓaffar al-Dīn en fut surpris, et on lui dit que seul le vizir avait pu mettre Badr al-Dīn au courant ; il le fit emprisonner, mais voulut s'assurer de ce fait. Il fit donc venir

1. Frère de Faḫr al-Dīn et Kamāl al-Dīn. Cf. Gottschalk, « Aulād », 84-87, et Cahen « Saʿd al-Dīn », 459. Même forme grammaticale erronée que *supra* p. 44, n. 4.

2. Irbil, à environ quatre-vingts kilomètres au sud-est de Mossoul. Cf. *E.I.* 2, « Irbil » (D. Sourdel). Sur Muẓaffar al-Dīn Gökböri b. Zayn al-Dīn, ancien émir de Saladin et maître d'Irbil de 586 à 630/1196-1233, cf. *E.I.* 2, « Begtenides » (Cl. Cahen) et l'importante biographie que lui consacre Ibn Ḫallikān, IV, 113-121, trad. II, 535 et s.

3. Sur Badr al-Dīn Lu'lu' qui gouverna Mossoul d'abord comme régent, puis de manière autonome de 615 à 657/1218-1259, cf. *E.I.* 2, « Lu'lu' » (Cl. Cahen).

une vieille femme rusée, et lui offrit un cadeau en disant : « Va à Mossoul, introduis-toi auprès du maître de la ville et tiens-lui ce discours : 'je suis l'épouse du vizir du maître d'Irbil ; or celui-ci a fait emprisonner mon époux car il le soupçonnait d'intrigues avec toi ; je souhaiterais que tu intercèdes en sa faveur. » Lorsqu'elle se présenta auprès du maître de Mossoul et lui dit ces paroles, il s'écria : « Par Dieu, je suis un affranchi de cet homme, si j'intercède en sa faveur, il le tuera. » Et lui donnant une grosse somme d'argent, il ajouta : « Prends cet argent, que je te remets, à toi et aux tiens ; tant que je vivrai, rien ne me déliera de vous. » Elle s'en retourna, informa Muẓaffar al-Dīn qui contraignit le vizir à avouer, et le mit à mort.

Année 631 / 7 octobre 1233-25 septembre 1234 [1]

En 631, al-Malik al-Ašraf, maître de Damas, arriva au Caire au service de son frère al-Malik al-Kāmil et l'incita à entreprendre la conquête du pays de Rūm ; il l'informa de l'état des troupes de ce pays tel qu'il l'avait constaté quand il avait traversé cette région lors de l'épisode concernant le Khwārizm-shāh Ǧalāl al-Dīn. Le sultan al-Malik al-Kāmil fit ses préparatifs, et partit à la tête de ses troupes vers Damas, où il s'arrêta. Il écrivit à tous les princes ayyoubides de préparer leurs armées pour envahir le pays de Rūm. Puis il alla camper à l'extérieur d'al-Bīra [2] au bord de l'Euphrate, et les princes s'y assemblèrent à son service ; ils étaient au nombre de treize, tous ayyoubides. Devant al-Bīra, le sultan passa en revue les troupes en armes, rangées en bataillons (*aṭlāb*) et la vue de cette vaste armée le remplit d'orgueil et de fierté. Il s'écria : « Jamais aucun prince de l'islam n'a réuni une telle armée ! »

Il franchit alors les défilés, et, découvrant devant lui le territoire de Rūm, ne douta pas qu'il s'en emparerait. Mais al-Malik al-Muǧāhid Asad al-Dīn, maître de Homs, alla trouver al-Malik al-Ašraf, maître de Damas, et lui dit : « Sache que le sultan al-Malik al-Kāmil, une fois qu'il aura occupé le royaume de Rūm, prendra toutes nos principautés de Syrie, qui sont proches de son pays, et nous donnera en échange des territoires de Rūm. » Al-Malik al-Ašraf, rendu soupçonneux, s'entendit avec tous les princes pour abandonner al-Kāmil. Ils écrivirent au souverain de Rūm 'Alā' al-Dīn Kayqubāḏ b. Kayḫusraw (pour

1. Aux sources indiquées par Cahen, « al-Makīn », 119, on peut ajouter Maqrīzī, *Sulūk*, I, 1, 247-249, trad. Broadhurst, 219-221.

2. Al-Bīra, sur l'Euphrate, à l'ouest d'Edesse. Cf. Elisséeff, *N.D.*, 147-148 ; *A'lāq*, (Djéziré), 120-124.

l'informer) de cet accord. Mais leurs lettres tombèrent entre les mains du sultan al-Malik al-Kāmil qui, sur le champ, quitta les défilés et revint camper à al-Suwaydā' [1].

Au moment où il avait franchi les défilés, et à cause de leur étroitesse, il avait envoyé al-Malik al-Muẓaffar, maître de Hama, et l'eunuque (*ṭawāšī*) Šams al-Dīn Ṣawāb avec un groupe d'émirs à la tête de leurs troupes, pour s'emparer de Khartpert [2] (Ḫartabirt) et pénétrer par là en pays de Rūm. A Khartpert, se trouvait un important contingent de l'armée de Rūm, qui leur livra bataille et les mit en déroute. Al-Malik al-Muẓaffar, l'eunuque Ṣawāb et le groupe d'émirs furent faits prisonniers et envoyés au sultan 'Alā' al-Dīn Kayqubāḏ, souverain de Rūm, qui leur remit des robes d'honneur, les traita avec bienveillance et les libéra.

Le sultan al-Malik al-Kāmil retourna en Egypte, alors que l'hostilité régnait entre lui d'un côté, son frère al-Malik al-Ašraf, al-Muǧāhid, maître de Homs, et tous les princes qui avaient écrit au souverain de Rūm, de l'autre. Une fois arrivé au Caire, il fit enfermer al-Malik al-Mas'ūd, maître d'Āmid, parce qu'il avait été l'un de ceux qui avaient écrit au souverain de Rūm.

Année 632 / 26 septembre 1234-15 septembre 1235

En 632, le souverain de Rūm envoya d'importantes troupes assiéger Ḥarrān et Edesse dont elles s'emparèrent. Elles prirent possession des provisions, des biens et des trésors qui s'y trouvaient. Des contingents de l'armée de Rūm y furent affectés pour en assurer la garde.

Année 633 / 16 septembre 1235-3 septembre 1236 [3]

A cette nouvelle, le sultan al-Malik al-Kāmil entreprit une expédition vers l'Orient, ceci en l'année 633. Il assiégea Edesse et Ḥarrān, et les reprit aux lieutenants des Rūm après un long siège et un dur combat. Il détruisit la citadelle d'Edesse, fit prisonniers et mit aux fers tous ceux du pays de Rūm qui se trouvaient à Edesse et à Ḥarrān ; il

1. Suwaydā' ou Severek, à l'ouest de la ville d'Āmid. Cf. Canard, *Hamdanides*, 80.

2. Sur Khartpert, Ḫartabirt en arabe, place-forte et chef-lieu de la province arménienne du Ḥanzīt, cf. *E.I.* 2, « Khartpert » (Cl. Cahen).

3. Aux sources indiquées par Cahen, « al-Makīn », 119-20 pour les années 632-633, on peut ajouter Maqrīzī, *Sulūk*, I, 1, 250-253, trad. Broadhurst, 221-224, dont le récit est une fois de plus presque identique à celui d'al-Makīn. Cf. aussi (pour le patriarcat de Cyrille) *Hist. Patr.*, III, 3, éd. 133, trad. 227-228.

les envoya en Egypte dans de grands sacs portés par des chameaux, mais la plupart moururent **/ 142 /** à cause des nombreuses épreuves endurées tout au long du chemin. Ils étaient plus de trois mille. Puis le sultan al-Malik al-Kāmil rentra en Egypte.

Cette année-là, le sultan ordonna à l'eunuque (*ṭawāšī*) Šams al-Dīn Ṣawāb, lieutenant du sultanat à Āmid, dans le Diyār Bakr et en Djéziré, de dresser devant sa tente une tente de réception (*dihlīz*), à la manière des rois. Celui-ci tomba malade, le sultan lui rendit visite, et s'assit dans la tente de réception attendant d'être introduit, l'honorant ainsi entre tous les princes d'Orient.

Au nombre des événements rapportés dans les chroniques chrétiennes, il y a la promotion, cette année-là, d'Anbā Cyrille Dā'ūd b. Laqlaq [1] au rang de patriarche des Jacobites d'Alexandrie dans la ville-frontière (*ṯuġr*) d'Alexandrie La Bien Gardée, le dimanche 29 ramaḍān 633 / 6 juin 1236, correspondant au 23 ba'ūna de l'an 951 des Martyrs [2]. Il resta patriarche sept ans, neuf mois et dix jours et mourut le mardi 17 ramaḍān 640 / 10 mars 1243, soit le 14 barmahāt de l'an 950 (sic) des Martyrs [3], lors de la quatrième semaine du grand jeûne, au Couvent des Cierges (Dayr al-Šama') [4] à Gizeh, où il fut enterré. Ce fut un savant et un homme de mérite, mais il aimait le pouvoir ; il amassa de l'argent et perçut la *šarṭūnīya* [5]. Comme l'Egypte manquait d'évêques, il en promut plusieurs, auxquels il prit de fortes sommes ; il fit preuve de beaucoup de dureté et d'injustice. Le moine 'Imād al-Miršār [6], qui s'était donné un grand mal pour qu'il fût élevé au patriarcat, avait convenu avec lui qu'il ne proclamerait pas de nouvel évêque sans son avis ; mais, devenu patriarche, il revint sur sa parole, ne lui prêta plus attention et ne l'écouta pas. Le moine

1. Il s'agit du patriarche dont l'élection avait été annulée en 612. Cf. *supra*, p. 21-22.

2. La concordance avec le calendrier copte est erronée dans nos deux mss. : le 23 ba'ūna 941 (ms. Laleli) correspondant au 17 juin 1225 et le 23 ba'ūna 951 (ms. B, 205 r°) correspondant au 17 juin 1235. Mais cette date (17 juin 1235) est donnée dans les listes patriarcales, établies d'après les sources coptes, pour le début du patriarcat de Cyrille (cf. Chaîne, 253).

3. La concordance avec le calendrier copte est erronée dans nos deux mss., le 14 barmahāt 950 correspondant au 14 mars 1234. Il faudrait donc lire comme dans Maqrīzī, *Sulūk*, I, 1, 253, trad. Broadhurst, 224, l'an 959, ce qui donnerait le 14 mars 1243.

4. Dayr al-Ǧam' dans le ms. Laleli et l'édition arabe, et al-Sam' dans le ms. B (205 v°). Il s'agit en fait du Dayr al-Šama', lieu de résidence du patriarche, sur lequel cf. Evetts, 192-196.

5. Cf. *supra*, p. 21, n. 3.

6. Sur le moine 'Imād al-Miršār (ou al-Miršād), ou 'Imād al-Aḫmīmī, hostile au patriarche dont il dénonçait les pratiques simoniaques, cf. *Hist. Patr.*, IV, 2, éd. 81-84, 97-100, trad. 167-173, 198-204.

porta l'affaire devant la justice et le fit surveiller, ainsi que ses proches et ses familiers. Al-Šayḫ al-Sanī al-Rāhib (le Moine), connu sous le nom d'Ibn al-Ta'bān [1], était aussi de ceux qui s'opposaient à lui ; il rappelait ses actions blâmables affirmant qu'il avait été promu par corruption, qu'il percevait la *šarṭūnīya* et qu'il n'était pas prêtre selon le droit canon. Il se forma autour de lui un groupe de gens d'accord avec ces accusations ; ils tinrent séance en présence du vizir al-Ṣāḥib Ibn al-Šayḫ, sous le règne du sultan al-Malik al-Ṣāliḥ Naǧm al-Dīn Ayyūb, souverain du Caire. Ils établirent beaucoup de faits contre lui, et voulurent le démettre de sa charge de patriarche. Mais les secrétaires aux comptes (*al-kuttāb al-mustawfīyūn*) intervinrent en sa faveur auprès du vizir al-Ṣāḥib Mu'īn al-Dīn Ibn al-Šayḫ ; moyennant une somme d'argent qu'il versa au sultan, il conserva son poste jusqu'à sa mort, et envoya les prélats (*baṭārika*) témoigner de sa situation. Après lui, le siège patriarcal resta vide sept ans, six mois et vingt-six jours [2].

Année 634 / 4 septembre 1236-23 août 1237 [3]

En 634, mourut l'eunuque (*ṭawāšī*) Šams al-Dīn Ṣawāb, lieutenant du sultanat en Orient. Al-Malik al-Ṣāliḥ Naǧm al-Dīn Ayyūb prit possession d'Āmid, de toutes les forteresses et territoires en dépendant, de Harrān, d'Edesse et de toute la Djéziré, en plus de Ḥiṣn Kayfā et de sa province qu'il possédait déjà.

Cette année-là, al-Malik al-Ašraf, maître de Damas, se révolta contre son frère al-Malik al-Kāmil, souverain du Caire, et s'entendit avec al-Malik al-Muǧāhid, maître de Homs, pour attaquer l'Egypte. Il écrivit aussi à al-Malik al-'Azīz, maître d'Alep, et à al-Malik al-Muẓaffar, maître de Hama, pour demander leur accord et leur aide contre son frère. Il se concilia un certain nombre d'émirs Kāmilīya [4]

1. Al-Šayḫ al-Sanī al-Rāhib appartenait à une grande famille de notables coptes du Caire : *mustawfī* de la ville de Qūṣ, il fut ensuite moine sous le nom de Anbā Buṭrus ; il fut rappelé par le sultan al-Kāmil pour entrer au *dīwān al-naẓar*, puis se fit de nouveau moine à l'église Saint-Serge. Personnage influent, il joua pratiquement le rôle de patriarche intérimaire pendant la vacance des années 1216-1235 et fut l'un des principaux opposants au patriarche Cyrille. Cf. *Hist. Patr.*, IV, 1, éd. 65-66, trad., 136-137, IV, 2, éd. 74, 81-84, 120, 132, trad. 152-153, 167-173, 248, 270, où il est appelé Ibn al-Ṯu'bān. Cf aussi Sidarus, 8-20. Il est le père du polygraphe Ibn al-Rāhib sur lequel cf. *supra*, p. 10.

2. C'est-à-dire jusqu'à la nomination d'Athanase en 648. Cf. *infra*, p. 91.

3. Aux sources indiquées par Cahen, « al-Makīn », 120, on peut ajouter Maqrīzī, *Sulūk*, I, 1, 253-255, trad. Broadhurst, 224-226.

4. Sur le nom des contingents mamelouks, cf. *supra*, p. 39, n. 3.

dont les *iqṭāʿ* se trouvaient sur le littoral ; ceux-ci passèrent à son service, en abandonnant al-Malik al-Kāmil. Lorsque ce dernier l'apprit, il fut hors de lui ; il se trouvait alors dans la ville-frontière (*ṯuġr*) d'Alexandrie qu'il quitta dans la nuit pour se rendre à la Citadelle de la Montagne, La Bien Gardée, à l'extérieur du Caire (al-Qāhira). Il se mit à organiser ses troupes et se prépara à combattre son frère al-Malik al-Ašraf. Ayant appris qu'al-Ašraf / **143** / s'était mis en rapport avec son cousin al-Malik al-Nāṣir Dā'ūd, maître d'al-Karak et se l'était concilié, le sultan invita celui-ci à venir en lui faisant force belles promesses. Al-Nāṣir Dā'ūd arriva auprès du sultan qui sortit à cheval au devant de lui, l'honora et lui fit de nombreux présents ; par écrit, il lui accorda sa fille et confirma son pouvoir ; il porta la *ġāšiya* [1] devant lui dans la Citadelle de la Montagne, et tous les émirs firent de même.

Cette année-là, al-Malik al-ʿAzīz Muḥammad b. al-Malik al-Ẓāhir, maître d'Alep, mourut ; al-Malik al-Nāṣir Ṣalāḥ al-Dīn Yūsuf, alors âgé de six ans, lui succéda. La régence fut exercée par sa grand-mère paternelle, qui lui assigna comme atabeg l'émir Šams al-Dīn Lu'lu' [2].

Année 635 / **24 août 1237-13 août 1238** [3]

En 635, al-Malik al-Ašraf Mūsā b. al-Malik al-ʿĀdil, maître de Damas, mourut le 4 muḥarram / 27 août 1237. Ce fut un prince puissant, ferme, courageux, généreux, bon et charitable, d'accueil affable et de caractère facile, dispensant faveurs et bienfaits à ses compagnons et à son peuple. A la nouvelle de sa mort, son frère al-Kāmil éprouva une vive joie. Quelques jours après, ses frères Muġīr al-Dīn et Taqī al-Dīn arrivèrent et lui apprirent que leur frère al-Malik al-Ṣāliḥ Ismāʿīl avait pris le pouvoir à Damas à la mort de leur (autre) frère al-Malik al-Ašraf conformément à ses dernières volontés. Le sultan al-Malik al-Kāmil prépara une expédition et quitta l'Egypte

1. Sur la *ġāšiya*, couverture de selle richement ornée, symbole du pouvoir, cf. Maqrīzī, *Sulūk*, trad. Quatremère, I, 1, 3-7, n. 7 ; C.H. Becker, « La Ghāshiya comme emblème de la royauté », dans *Centenario della nascita di Michele Amari*, Palerme, 1910, II, 148-151.

2. Sur la régente Ḍayfa Ḫātūn, cf. *supra* p. 25, n. 6. Šams al-Dīn Lu'lu' al-Amīnī (m. 648/1250) devint le principal conseiller d'al-Nāṣir Yūsuf d'Alep. Cf. Humphreys, index. Nécrologie dans Sibṭ, 783-784.

3. Aux sources indiquées par Cahen, « al-Makīn », 120, on peut ajouter Maqrīzī, *Sulūk*, I, 1, 256-261, trad. Broadhurst, 226-232, qui est l'un des seuls historiens, avec al-Makīn, à rapporter la demande de secours du calife contre les Mongols (récit plus détaillé dans Maqrīzī).

avec ses troupes pour conquérir Damas. Une fois arrivé, il établit son camp à l'extérieur de la ville dans la madrasa Ḫātūn [1], et livra de durs combats au cours desquels l'émir Sayf al-Dīn Abū Bakr b. Ǧaldak fut tué. Al-Malik al-Ṣāliḥ fit demander à son frère al-Malik al-Kāmil de lui accorder Baalbek et sa province en plus de la concession (*ḫubz*) qui lui avait été attribuée au temps de leur père, à savoir Buṣrā, le Sawād et leur région. Le sultan al-Malik al-Kāmil y consentit et lui en fit le serment ; il reçut alors Damas, et y entra le 10 ǧumādā II de cette année-là / 28 janvier 1238. Al-Malik al-Ṣāliḥ Ismāʿīl se rendit à Baalbek qui lui fut remise. Ensuite le sultan voulut s'emparer d'Alep et de Homs. Il fit dresser sa tente de réception (*dihlīz*) à Birza [2] aux environs de Damas, et les armées se mirent en marche. Lorsqu'al-Malik al-Muǧāhid, maître de Homs, apprit cela, il fit demander à l'émir Sayf al-Dīn ʿAlī b. Qilīǧ de régler son cas avec le sultan en échange d'une somme déterminée qu'il lui ferait porter. Il envoya (aussi) son fils al-Malik al-Ṣāliḥ Nūr al-Dīn et ses femmes auprès du sultan. L'émir Sayf al-Dīn b. Qilīǧ ne cessa de solliciter la bienveillance du sultan à son sujet, jusqu'au jour où il fut décidé qu'al-Muǧāhid verserait au Trésor deux millions de dirhams, et obtiendrait ainsi son pardon.

Il dit : cette année-là, l'imam al-Mustanṣir billāh, souverain de Bagdad, fit informer al-Malik al-Kāmil que les Tatars avaient l'intention d'attaquer Bagdad, et lui envoya de l'argent afin de lever une armée en Syrie. Le sultan prescrivit de lever à ses propres frais cinq mille cavaliers sans que soit dépensé un seul dirham de l'argent du calife ; il chargea al-Rukn al-Hayǧāwī, ʿImād al-Dīn b. Mūsak et al-Ṣārim al-Tanbītī [3] de lever les troupes qu'il enverrait à Bagdad.

Cette année-là, ʿAlā' al-Dīn Kayqubāḏ b. Kayḫusraw, souverain de Rūm, mourut. C'était un prince puissant, respecté, ferme, juste, solide dans sa foi, bon et charitable. Son fils, le sultan Ġiyāṯ al-Dīn [4], lui succéda à la tête de la principauté de Rūm. Sous son règne, les Tatars attaquèrent le pays de Rūm, l'envahirent, le dévastèrent, y firent de

1. Madrasa al-Ḫātūnīya al-Barrānīya ou Masǧid Ḫātūn, à l'ouest de la ville. Cf. *Aʿlāq* (Damas), 218-219 ; Ibn ʿAsākir, *Description de Damas*, 168 n. 3.

2. Birza ou Barza, village au nord-est de Damas. Cf. Le Strange, *Palestine*, 420 ; Elisséeff, *N.D.*, 253.

3. Sur Rukn al-Dīn al-Hayǧāwī (m. 644/1246), cf. Gottschalk, 137-138 ; Humphreys, 240 et 453-454 n. 1. Sur ʿImād al-Dīn b. Mūsak (m. 644/1246), ancien émir d'al-Muʿaẓẓam de Damas, puis d'al-Ašraf, cf. Gottschalk, 150 n. 1 ; Humphreys, 243, 260, 262. Le nom du troisième personnage n'est pas clair dans les mss. Il n'est pas mentionné aux côtés des deux autres dans Maqrīzī, *Sulūk*, I, 1, 258, trad. Broadhurst, 228.

4. Kayḫusraw II (634-643/1237-1246). Cf. Cahen, *Turquie*, 90-97.

grands massacres et pillèrent des richesses considérables. Puis le sultan Ġiyāṯ al-Dīn mourut, et ses fils 'Izz al-Dīn et Rukn al-Dīn se disputèrent la principauté [1]. Une partie de l'armée opta pour 'Izz al-Dīn, une autre pour Rukn al-Dīn. Ils se combattirent, Rukn al-Dīn se sauva auprès de Hūlāgū [2], se soumit à lui, et implora sa protection.

/ 144 / Hūlāgū envoya avec lui une importante armée de Tatars qui expulsa 'Izz al-Dīn du pays de Rūm ; celui-ci s'enfuit vers une citadelle sur la Méditerranée appelée 'Alā'īya [3], où il demeura. Les lieutenants tatars se rendirent maîtres du pays de Rūm, et ne laissèrent à Rukn al-Dīn que le seul titre (de sultan). Ces événements n'eurent pas tous lieu en l'année 635, mais nous les avons exposés ainsi pour ordonner le cours du récit.

En cette année 635 / 24 août 1237-13 août 1238, le sultan al-Malik al-Ṣāliḥ Naǧm al-Dīn Ayyūb b. al-Malik al-Kāmil prit possession de Sinǧār et sa région, après la mort de son oncle al-Malik al-Ašraf Mūsā, maître de Damas.

Cette année-là, al-Malik al-Kāmil Muḥammad b. al-Malik al-'Ādil Sayf al-Dīn Abī Bakr b. Ayyūb, souverain d'Egypte et de Syrie, mourut au soir du mercredi 21 raǧab / 9 mars 1238, dans le Palais d'Argent (Dār al-Fiḍḍa) de la citadelle de Damas ; il y fut enterré tôt le matin du jeudi. Il n'avait pas obtenu ce qu'il voulait du maître de Homs qui ne lui avait pas envoyé le moindre dirham ; il n'avait eu non plus la possibilité de marcher sur Alep [4]. Il n'avait pas achevé de lever l'armée destinée à Bagdad ; les lieutenants du calife chargèrent des hommes d'achever la levée et en assurèrent les frais. Ils emmenèrent ainsi à Bagdad trois mille cavaliers.

Depuis la mort de son père, al-Malik al-Kāmil avait régné en Egypte vingt ans et quarante-cinq jours ; son règne avait commencé un vendredi, et s'était achevé un mercredi, six mois et vingt jours après la fin de l'année 634 de l'hégire, correspondant à l'an solaire du monde 6724, six mois et quatorze jours [5].

Sa biographie : c'était un prince respecté, résolu, courageux, éloquent, cultivé, aimant la science et les savants. Au soir de chaque vendredi il faisait venir à son conseil (*maǧlis*) des juristes et des

1. Cf. Cahen, *Turquie*, 227-243.

2. Hūlā'ūn dans le texte arabe (le g de la forme usuelle Hūlāgū est purement graphique). Cf. « Hūlāgū », *E.I.* 2 (J.A. Boyle).

3. 'Alā'īya, 'Alāya (act. Alanya), sur la côte orientale du golfe d'Antalya. Cf. *E.I.* 2, « Alanya » (Fr. Taeschner).

4. Nous avons traduit toute cette phrase en suivant le ms. B (206 r°) qui offre, par rapport à l'édition, une leçon plus correcte et plus cohérente avec le récit des négociations entre le sultan et le maître de Homs (cf. *supra*, p. 53).

5. Correspondance erronée puisque l'an du monde 6724 commence le 30 août 1231.

savants ; il prenait part à leurs discussions dans leurs diverses spécialités [1]. C'était un bon politique et un bon administrateur. Sous son règne, les chemins étaient sûrs, car il y avait établi des gardes (*ḫufarā'*) pour protéger les marchands et les voyageurs, qui désormais parcoururent les sables ardus et les déserts (*rimāl*) redoutés sans avoir à craindre quiconque. Néanmoins, il aimait amasser de l'argent et déployait de grands efforts à cette fin ; il introduisit dans ses territoires des innovations et des droits dont l'usage n'était pas connu sous ses prédécesseurs.

(Lorsqu'il mourut), son fils al-Malik al-Ṣāliḥ Naǧm al-Dīn Ayyūb était maître d'Āmid, du Diyār Bakr, de Sinǧār, du Ḫābūr, de Ḥiṣn Kayfā, de Ḥarrān, d'Edesse et des territoires orientaux qui en dépendaient ; son (autre) fils, al-Malik al-ʿĀdil Sayf al-Dīn Abū Bakr, était son lieutenant en Egypte.

Au nombre de ses vizirs, il y eut Ṣafī al-Dīn ʿAbd Allāh b. ʿAlī Ibn Šukr, dont nous avons déjà présenté la biographie [2]. Six ans avant sa mort, celui-ci devint aveugle, mais continua d'exercer la fonction de vizir jusqu'au bout [3]. Après sa mort, al-Kāmil ne désigna plus aucun vizir, mais il engageait, pour administrer les affaires, des hommes qui lui convenaient, tel, une fois, Muʿīn al-Dīn Ḥasan b. Ḥamawayh Ibn Šayḫ al-Šuyūḫ [4]. Après la mort de Ṣafī al-Dīn Ibn Šukr, al-Malik al-Kāmil s'occupait lui-même (des affaires) de son Etat et convoquait (le personnel) des bureaux (*dīwān*) pour le contrôler. Il amassa des richesses, des dons et des trésors considérables. Il mourut, et rien de tout cela ne l'accompagna. Dieu l'ait en sa miséricorde ! Ainsi vont les choses de ce monde.

1. Le ms. B (206 r°) ajoute : « (les juristes et les savants) passaient la nuit chez lui. »
2. Cf. *supra*, p. 18, 28-29 et 32-33.
3. Le ms. B (206 r°-v°) ajoute : « L'émir Faḫr al-Dīn ʿUṯmān était l'intendant du palais (*ustāḏ al-dār*) et venait souvent le voir de la part du sultan au sujet des affaires graves et des problèmes de l'armée. »
4. Les mss. B (206 v°) et Laud ajoutent : « auquel (al-Kāmil) donna le nom de lieutenant du vizirat (*nā'ib al-wizāra*) ; une autre fois, (il engagea) Taǧ al-Dīn Yūsuf b. al-Ṣāḥib Ṣafī al-Dīn, une autre fois encore, Ǧamāl al-Dīn al-Nūrī, et d'autres encore. » Taǧ al-Dīn Yūsuf b. Šukr : emprisonné à la mort de son père en 622/1225-6 (cf *supra*, p. 36), puis libéré en 625/1228 et nommé à la tête de l'administration des finances égyptiennes, cf. Gottschalk, 147.

Septième souverain ayyoubide

Al-Malik al-ʿĀdil Sayf al-Dīn Abū Bakr b. al-Malik al-Kāmil Muḥammad b. Abī Bakr b. Ayyūb

/ **145** / Celui-ci régna, après la mort de son père, sur l'Egypte et la Syrie. En effet, l'émir Sayf al-Dīn ʿAlī b. Qilīǧ et ʿImād al-Dīn Ibn al-Šayḫ [1] ainsi qu'un certain nombre d'émirs importants se réunirent au Palais de la Joie (Dār al-Masarra) [2] dans la citadelle de Damas ; tous prêtèrent serment, et firent prêter serment à toute l'armée égyptienne et syrienne, le jeudi 22 raǧab 635 / 10 mars 1238, correspondant au 16 barmahāt [3]. Al-ʿĀdil étant au Caire, ils établirent son cousin al-Malik al-Ǧawād Muẓaffar al-Dīn Yūsuf b. Mawdūd [4] comme lieutenant du sultanat à Damas et en Syrie, et convinrent avec lui d'expulser de Damas son cousin al-Malik al-Nāṣir Dā'ūd b. al-Malik al-Muʿaẓẓam car celui-ci désirait ardemment la ville pour lui. L'émir Nūr al-Dīn ʿAlī, fils de l'émir Faḫr al-Dīn ʿUṯmān et intendant du palais (*ustāḏ al-dār*) [5], alla le trouver et l'expulsa. Al-Nāṣir Dā'ūd gagna al-Karak, puis, au bout de quelques jours, ayant rassemblé des troupes, il sortit d'al-Karak pour marcher contre Damas et s'en emparer. Al-Malik al-Ǧawād s'avança contre lui à la tête des troupes d'Egypte et de Syrie ; il le rencontra à Sabasṭīya [6], dans la province de Naplouse, lui livra combat et le défit : ceci eut lieu à la fin de l'année. Al-Malik al-Nāṣir Dā'ūd s'enfuit vers al-Karak, tandis qu'al-Malik al-Ǧawād avec l'armée égyptienne et syrienne s'emparait de ses trésors et de ses bagages, faisant ainsi un gros butin. Al-Malik al-Ǧawād rentra à Damas avec les troupes de Syrie, alors que les troupes d'Egypte se rendirent au service d'al-Malik al-ʿĀdil ; celui-ci les reçut avec égards et les traita avec générosité en leur distribuant argent, robes d'honneur et étoffes en grande (quantité).

1. Quatrième « fils du Šayḫ » avec Faḫr al-Dīn, Kamāl al-Dīn et Muʿīn al-Dīn. Cf. Cahen, « Saʿd al-Dīn », 459-460 ; Gottschalk, « Aulād », 78-82.
2. Palais construit par Nūr al-Dīn et restauré par al-Ašraf. Cf. *Aʿlāq* (Damas), 38-39.
3. Une fois de plus la correspondance est erronée, le 16 barmahāt correspondant au 12 mars.
4. Sur al-Malik al-Ǧawād (m. 641/1244) et sur son règne peu apprécié à Damas, cf. Humphreys, 241-250 et 271-272.
5. Sur Faḫr al-Dīn ʿUṯmān Ibn Qizil, cf. *supra*, p. 35, n. 3. Son fils Nūr al-Dīn mourut en 645/1247-48. Cf. *infra*, p. 68.
6. L'antique Sébaste, cf. Le Strange, *Palestine*, 523.

Par la suite al-ʿĀdil entreprit d'éloigner les anciens émirs, *ġulām* de son père ainsi que ceux qui avaient été proches de lui ; il institua émirs des jeunes gens auxquels il distribua de l'argent et des *iqṭāʿ*. Il les retrouvait et se retirait avec eux, les consultait et suivait leurs avis, alors qu'il rejetait les grands émirs, les délaissait et ne les voyait que de temps en temps. Puis il s'adonna à la boisson, au divertissement, à la musique, et négligea les intérets de l'Etat et le contrôle des affaires. Alors, son cousin al-Malik al-Nāṣir Dā'ūd, maître d'al-Karak, arriva auprès de lui et demeura quelque temps ; il plaça al-ʿĀdil sous son emprise, et lui fit croire que l'émir Faḫr al-Dīn Ibn al-Šayḫ s'était entendu avec son oncle al-Malik al-Muʿizz Muʿīn al-Dīn [1] et qu'ils s'étaient assurés de l'appui d'un certain nombre d'émirs. Il lui conseilla d'arrêter Ibn al-Šayḫ et d'expulser son oncle al-Malik al-Muʿizz Muǧīr al-Dīn. Le sultan arrêta Faḫr al-Dīn Ibn al-Šayḫ et l'emprisonna dans la Citadelle de la Montagne ; il expulsa d'Egypte son oncle al-Muʿizz Muǧīr al-Dīn qui partit avec son frère al-Malik al-Amǧad Taqī al-Dīn ʿAbbās [2]. Puis al-Nāṣir Dā'ūd orienta les soupçons d'al-ʿĀdil contre al-Malik al-Ǧawād, (racontant) que les émirs qui s'étaient entendus pour l'établir lieutenant du sultanat à Damas lui étaient favorables. Al-ʿĀdil condamna ces émirs, parmi lesquels se trouvait l'émir ʿImād al-Dīn Ibn al-Šayḫ qui eut peur pour son sort et déclara (être prêt à) se rendre à Damas pour destituer al-Ǧawād de sa fonction de lieutenant du sultanat et l'amener au service du sultan. Al-ʿĀdil le lui prescrivit, et ʿImād al-Dīn partit pour Damas.

Année 636 / 14 août 1238-2 août 1239 [3]

En 636, ʿImād al-Dīn arriva à Damas et s'installa au Palais de la Joie (Dār al-Masarra) dans la citadelle. Il discuta avec al-Ǧawād et lui proposa de se rendre au Caire au service d'al-Malik al-ʿĀdil, en lui faisant de nombreuses promesses. Al-Ǧawād refusa. Alors ʿImād al-Dīn le quitta, et fit venir les gouverneurs, les agents fiscaux

1. Sic dans le ms. Laleli et dans l'édition. Il faut lire Muǧīr al-Dīn comme dans la suite du texte.

2. Tous deux fils de l'ancien sultan al-ʿĀdil (m. 615/1218). Cf. Humphreys, index et *supra*, p. 27 et 52.

3. Aux sources indiquées par Cahen, « al-Makīn », 120, on peut ajouter Maqrīzī, *Sulūk*, I, 2, 274-283, trad. Broadhurst, 238-245.

(*mušiddūn*) [1], les lieutenants, et les (personnels) des bureaux (*dawāwīn*) de Damas ; il leur dit que le sultan al-Malik al-ʿĀdil avait révoqué al-Malik / **146** / al-Ǧawād et qu'ils ne devaient donc plus, en aucune façon, ni lui apporter d'argent, ni accepter ses diplômes (*tawāqīʿ*). Quand al-Malik al-Ǧawād apprit cette pénible nouvelle, il entra dans une violente colère. Il fit surveiller ʿImād al-Dīn Ibn al-Šayḫ au Palais de la Joie (Dār al-Masarra), et interdit qu'on vînt le voir. Al-Muǧāhid, maître de Ḥoms, était alors présent à Damas et s'était entendu avec al-Malik al-Ǧawād au point que tous deux n'avaient qu'une même parole. Al-Ǧawād le consulta sur l'affaire de ʿImād al-Dīn Ibn al-Šayḫ, et al-Muǧāhid lui conseilla de le tuer. L'émir ʿImād al-Dīn b. Qilīǧ [2] leur donna son accord. Ils entrèrent en relation avec les lieutenants ismaïliens, et décidèrent avec eux du meurtre d'Ibn al-Šayḫ. Al-Malik al-Ǧawād leur donna pour cela le village d'al-Ram... dans al-Šaʿrā [3] et leur remit une somme d'argent convenue. Ils désignèrent deux *fidāʾī* [4], qui tuèrent Ibn al-Šayḫ devant la porte de la grande mosquée de Damas. Ils proclamèrent qu'ils l'avaient tué par erreur, alors qu'ils visaient al-Malik al-Ǧawād, et que les deux hommes se ressemblaient.

A cette nouvelle, son oncle al-Malik al-ʿĀdil projeta une expédition pour assiéger et prendre Damas ; mais on lui conseilla d'entrer en relation avec al-Ǧawād, de lui faire des promesses alléchantes, et de l'attirer par tromperie au Caire. Il lui écrivit pour lui proposer la citadelle d'al-Šawbak et son territoire, la ville-frontière (*ṯaġr*) d'Alexandrie, les provinces d'al-Buḥayra [5], de Qalyūb [6] et dix villages du territoire de Gizeh, à condition qu'il renonçât à sa fonction de lieutenant et qu'il vînt demeurer auprès de lui et le conseiller dans les

1. Sur le *mušidd* ou *mušidd al-dawāwīn*, en général un militaire chargé d'assister les fonctionnaires des finances dans leurs collectes d'impôts, cf. Rabie, 150-152, et Nābulusī, *Lumaʿ*, 14 n. 20.

2. ʿImād al-Dīn et son frère Sayf al-Dīn b. Qilīǧ, anciens émirs alépins, étaient passés au service d'al-Kāmil en 634/1236, après la mort d'al-ʿAzīz, et avaient participé au règlement de la succession d'al-Kāmil en 635/1238. Cf. *supra* p. 30, 53, 56 et Humphreys, 240-241, 453 n. 81.

3. Ces deux noms sont imparfaitement ponctués. Al-Maqrīzī (*Sulūk*, I, 2, 277, trad. Broadhurst, 240) dit simplement qu'un village fut donné aux Assassins, sans préciser son nom. Dussaud (*Topographie*, 380, carte II, I, A) mentionne une localité appelée Šaʿara, au sud-est de Damas. On pourrait aussi penser à al-Šaqrāʾ, dans la même région (*Topographie*, 380 et *Aʿlāq* (Damas), 321 n. 3).

4. Le *fidāʾī*, celui qui donne sa vie pour un autre. On appelait ainsi les membres de la secte des Assassins. Cf. *E.I.* 2, « Fidāʾ » (Cl. Huart-M.G.S. Hodgson) et Lewis, *Assassins*, 86.

5. Nom de la province occidentale de l'Egypte. Cf. *E.I.* 2, « Buḥayra » (G. Wiet).

6. Ville de Basse Egypte à une quinzaine de kilomètres au nord du Caire. Cf. *E.I.* 2, « Ḳalyūb » (A. Richter).

affaires de son Etat. Al-Ǧawād s'entretint de ces propositions avec ʿImād al-Dīn b. Qilīǧ, qui était alors son lieutenant à Damas ; celui-ci l'en dissuada en lui faisant craindre que, une fois arrivé au Caire, al-ʿĀdil le fasse arrêter et enfermer.

Les fils d'al-Šayḫ le réclamaient (aussi) pour venger le sang de leur frère. Sa situation devenant difficile, il eut peur pour lui-même et écrivit à al-Malik al-Ṣāliḥ Naǧm al-Dīn Ayyūb b. al-Kāmil, maître d'Āmid, de Ḥiṣn Kayfā et des territoires qui en dépendaient ; il lui demanda de lui remettre Sinǧār et son territoire en échange de Damas. Al-Ṣāliḥ accepta et prêta serment. Il laissa en Orient Tūrānšāh [1] qui occupa sa place à Ḥiṣn Kayfā ; il désigna des lieutenants à Āmid et au Diyār Bakr, et donna Ḥarrān, Edesse, al-Raqqa et toute la Djéziré aux Khwārizmiens qui étaient à son service. Puis il gagna Damas, où il arriva en ǧumādā II 636 / 9 janvier-6 février 1239. Il pénétra dans la citadelle et prit possession de la principauté. Avec lui était arrivé son cousin al-Malik al-Manṣūr b. Taqī al-Dīn, maître de Sinǧār [2]. Al-Malik al-Ǧawād quitta Damas, et se rendit à Sinǧār.

Al-Ǧawād avait été lieutenant à Damas dix mois et seize jours, au cours desquels il dissipa l'argent qu'avait laissé al-Malik al-Kāmil dans le Trésor attaché au sultan (*ḫizānat al-ṣuḥba*), c'est-à-dire plus de six cent mille dinars sans compter les étoffes et autres objets semblables. Il opprima la population et extorqua de l'argent aux notables de Damas ; il fit arrêter Ṣafī al-Dīn b. Marzūq [3] et lui confisqua son argent, ses marchandises et tous ses biens qui s'élevaient à plus de cinq cent mille dinars, alors que, avant son arrivée au pouvoir, Ibn Marzūq était son ami et son créancier, lui prêtant toujours les sommes dont il avait besoin. Il le livra à al-Malik al-Muǧāhid, maître de Homs, qui le fit mener et incarcérer dans un cachot de la citadelle de Homs où il resta jusqu'à la mort d'al-Malik al-Muǧāhid. Dieu alors le délivra. On dit qu'al-Malik al-Muǧāhid avait été à l'origine de son arrestation et de la confiscation de ses biens. En effet, al-Muǧāhid avait appris qu'al-Malik al-Ašraf, maître de Damas, avait projeté de lui donner Damas pour contrarier son frère al-Malik al-Kāmil, mais qu'al-Ṣafī b. Marzūq avait alors dit à al-

1. Al-Muʿaẓẓam Tūrānshāh, fils d'al-Ṣāliḥ Ayyūb, succéda à son père sur le trône d'Egypte en 647/1249 et fut assassiné quelques mois plus tard en 648/1250. Cf. Humphreys, 301-303.

2. Sic dans le ms. Laleli et dans l'édition ; lacune dans le ms. B ; mais incohérent avec ce qui précède. Nous pensons qu'il doit s'agir d'al-Malik al-Muẓaffar b. al-Manṣūr b. Taqī al-Dīn, maître de Hama, qui accompagna effectivement al-Ṣāliḥ Ayyūb à Damas. Cf. *Mufarriǧ*, V, 202-204 ; Humphreys, 248.

3. Ṣafī al-Dīn Ibrāhīm b. Marzūq, riche marchand et cadi. Cf. Humphreys, 207, 232, 249-250, 329.

Ašraf : « Par Dieu, je t'en prie, n'inflige pas cet homme au peuple de Damas ; on t'en maudira car tu sais combien il est injuste et tyranique, et ton frère al-Malik al-Ṣāliḥ (Ismā'īl) mérite Damas bien davantage. » Al-Ašraf l'avait écouté et s'était rangé à son avis. Al-Muǧāhid garda cela au fond de lui-même jusqu'à ce qu'une occasion se présentât ; aussi conseilla-t-il à al-Ǧawād d'arrêter Ibn Marzūq, de prendre ses biens, et de le lui livrer afin qu'il l'emprisonnât chez lui, ce qu'al-Ǧawād accepta. Al-Muǧāhid, au moment de sa mort, voulut même faire tuer Ibn Marzūq, mais son fils al-Malik al-Manṣūr l'en empêcha, en lui disant : « Ne te présente pas à Dieu avec le sang d'un homme musulman (sur les mains). » Après la mort d'al-Muǧāhid, al-Malik al-Ṣāliḥ Ismā'īl le réclama à al-Malik al-Manṣūr ; on le lui amena, et al-Ṣāliḥ le traita avec bonté et générosité.

L'historien dit : C'est également en 636 / 14 août 1238-2 août 1239 qu'un certain nombre d'émirs égyptiens abandonnèrent le service d'al-Malik al-'Ādil souverain du Caire, dont Nūr al-Dīn 'Alī b. Faḫr al-Dīn 'Uṯmān, 'Alā' al-Dīn b. al-Šihāb Aḥmad, 'Izz al-Dīn Aybak / **147** / al-Kurdī al-'Ādilī, 'Izz al-Dīn Qaḍīb al-Bān al-'Ādilī, Sayf al-Dīn Sunqur al-Dunaysirī al-Kāmilī, 'Izz al-Dīn Balabān al-Muǧāhidī al-Kāmilī, Ḥusām al-Dīn Lu'lu' al-Mas'ūdī, Sayf al-Dīn Sunqur al-Ḫwārizmī, et d'autres encore, dix-sept au total [1]. Ils quittèrent le Caire sans être inquiétés et allèrent se mettre au service du frère d'al-'Ādil, al-Malik al-Ṣāliḥ Naǧm al-Dīn Ayyūb qui était alors maître de Damas ; ils y parvinrent en šawwāl de cette même année / 7 mai-4 juin 1239, al-Ṣāliḥ Ayyūb vint à leur rencontre à Ḫirbat al-Luṣūṣ [2], et se réjouit vivement de leur arrivée. Ils lui dirent que la plupart des émirs étaient mal disposés (à l'égard du sultan) et l'incitèrent à s'emparer de l'Egypte.

Accompagné de ces émirs, al-Malik al-Ṣāliḥ Naǧm al-Dīn Ayyūb se dirigea vers Naplouse, à la tête de ses troupes. Ils lui suggérèrent de leur concéder en *iqṭā'* la région de Naplouse ; ils en recueilleraient les revenus et engageraient ainsi des soldats qui viendraient augmenter ses forces. Naplouse appartenait alors à son cousin al-Malik al-Nāṣir Dā'ūd b. al-Mu'aẓẓam 'Īsā, qui était au service d'al-Malik al-'Ādil au Caire. Aussi al-Ṣāliḥ Ayyūb accéda à la demande des émirs et leur concéda Naplouse et sa province, ainsi que la région de Jérusalem, et toutes les possessions d'al-Nāṣir (Dā'ūd) sur le littoral ; ils commen-

1. Emirs importants de l'armée d'al-'Ādil, dont certains avaient servi son père al-Kāmil. Cf. Humphreys, 253, et *infra* p. 66. Sur Nūr al-Dīn 'Alī, cf. *supra*, p. 56, n. 5.

2. Ḫirbat al-Luṣūṣ ou « Ruine des brigands » n'est pas localisée avec exactitude. Il semble qu'il faille la situer au sud du Nahr Yarmūk, au sud du lac de Tibériade. Cf. Prawer, II, 138 n. 16.

cèrent à y recruter (des troupes). Al-Nāṣir l'ayant appris, quitta le Caire et se rendit à al-Karak, supportant difficilement d'avoir perdu ses territoires. Al-Malik al-Ṣāliḥ Naǧm al-Dīn (Ayyūb) demeura à Naplouse, attendant le moment propice pour entrer au Caire.

Pendant ce temps, son oncle al-Malik al-Ṣāliḥ ʿImād al-Dīn Ismāʿīl, maître de Baalbek, et al-Muǧāhid, maître de Homs, s'entendirent pour prendre Damas, montèrent un stratagème, et s'emparèrent de la ville. Les troupes d'al-Ṣāliḥ Naǧm al-Dīn (Ayyūb) l'abandonnèrent, et seuls restèrent quelques-uns de ceux qui étaient venus d'Orient avec lui. Al-Malik al-Nāṣir (Dā'ūd) le fit capturer et conduire dans la citadelle d'al-Karak, où il fut enfermé.

Lorsque son frère al-ʿĀdil, souverain du Caire, apprit qu'il était emprisonné dans la citadelle d'al-Karak, il fut ravi et laissa éclater sa satisfaction et sa joie; il organisa une grande fête sur l'Hippodrome Noir [1], au pied de la citadelle, à l'extérieur du Caire (al-Qāhira). Il fit faire des châteaux en sucrerie, remplit les bassins de sirop (*ǧullāb*), et, à ce qu'on dit, il fut consommé lors de cette fête mille *qinṭār* [2] de sucre, plus de mille moutons, sans parler du reste. Al-ʿĀdil ordonna de venir à tous les musiciens du Caire (al-Qāhira) et de Miṣr ; les gens mangèrent, burent et s'amusèrent. Son frère al-Ṣāliḥ Naǧm al-Dīn Ayyūb apprit tout cela alors qu'il était emprisonné dans la citadelle d'al-Karak.

Ensuite, al-ʿĀdil fit demander à al-Nāṣir (Dā'ūd), maître d'al-Karak, de lui envoyer al-Ṣāliḥ dans une cage de fer en échange de quatre cent mille dinars et de la remise de Damas une fois qu'il l'aurait conquise. Al-Nāṣir lui répondit : « Si tu prends Damas et me la remets, je te livrerai ton frère al-Ṣāliḥ. »

Année 637 / 3 août 1239-22 juillet 1240 [3]

L'historien dit : en 637, al-ʿĀdil, souverain du Caire, fut déposé du sultanat. En effet, lorsqu'il apprit que son frère al-Malik al-Ṣāliḥ (Ayyūb) était sorti de la prison d'al-Karak et s'était entendu avec le maître du lieu (al-Nāṣir Dā'ūd), il fit ses préparatifs et sortit avec ses troupes en direction de Bilbays où il campa ; il voulait marcher sur

1. Ou al-Maydān al-Aswad, situé au nord-est d'al-Qāhira, au-delà de Bāb al-Barqīya. Cf. Maqrīzī, *Ḫiṭāṭ*, I, 361.

2. Le *qinṭār* est un poids de 100 *raṭl*, celui-ci pesant en Egypte 964 grammes pour le miel et le sucre. Cf. *E.I.* 2, « Makāyil » (E. Ashtor).

3. Aux sources indiquées par Cahen, « al-Makīn », 120-121, on peut ajouter Maqrīzī, *Sulūk*, I, 2, 284-300, trad. Broadhurst, 245-259, dont le récit sur la déposition d'al-ʿĀdil est assez proche de celui d'al-Makīn.

al-Karak dans l'espoir de vaincre son frère, mais certains de ses hommes, parmi lesquels ʿIzz al-Dīn Aybak al-Asmar al-Ašrafī [1] et les eunuques (*ḫuddām*) commandants de la garde (*ḥalqa*) [2] Masrūr, Kāfūr al-Fā'izī, et Ǧawhar al-Nūbī [3], se réunirent et se mirent d'accord pour le destituer. Ils l'arrêtèrent et le mirent dans une tente ; ils ouvrirent la tente de réception (*dihlīz*) et disposèrent tout autour des fantassins et des cavaliers pour le garder jour et nuit. Les émirs kurdes et leur suite se rassemblèrent pour lui porter secours, mais ils y renoncèrent car les Ašrafīya [4], les eunuques (*ḫuddām*) et les hommes de la garde qui étaient avec eux voulurent piller (leur camp).

/ **148** / On dit que la raison de la déposition d'al-ʿĀdil fut la suivante : un jour qu'il buvait en compagnie des jeunes émirs qu'il avait lui-même institués, il avait parlé avec eux de faire arrêter les eunuques susdits, mais un jeune eunuque, qui avait tout entendu, les en avertit. On dit aussi qu'al-ʿĀdil avait introduit dans son entourage le *ṭaštdār* [5] Ibn Karsūn qui fut chargé des affaires concernant les grands émirs, ce qu'ils supportèrent difficilement. Ensuite, al-ʿĀdil lui donna un diplôme (*manšūr*) qui le faisait émir avec cinquante cavaliers. Il sortit, le diplôme à la main, au moment même où al-Rukn al-Hayǧāwī [6] se tenait à la porte. Celui-ci lui dit : « Qu'as-tu donc là ? » Il répondit : « Un diplôme de cinquante cavaliers que le sultan m'a donné. » Al-Hayǧāwī le lui prit des mains, le déchira en morceaux et s'exclama : « Toi émir au même titre que moi ? C'est impossible ! » Par la suite, Ibn Karsūn demanda à al-Malik al-ʿĀdil de lui remettre Šuǧāʿ al-Dīn ʿUmar b. Barġaš [7], gouverneur de Qūṣ, et puissant émir. Al-ʿĀdil le livra à Ibn Karsūn qui lui fit subir toutes sortes de tortures en raison de ce qu'ils avaient appris à son sujet. Un certain nombre de grands émirs intercédèrent en sa faveur, mais en vain. Pour ces raisons

1. ʿIzz al-Dīn Aybak al-Asmar était le commandant des Ašrafīya qui jouèrent avec les Kāmilīya un rôle important dans la déposition d'al-ʿĀdil. Cf. Humphreys, 240-241, 264, 454 n. 2.

2. Le terme de *ḥalqa* désigne, à l'époque de Saladin puis de ses descendants, une unité importante (peut-être même l'élite) de l'armée ayyoubide. Les commandants de la *ḥalqa* étaient donc des personnages puissants. Cf. *E.I.* 2, « Ḥalḳa » (D. Ayalon).

3. Eunuques qui appartenaient à des émirs Kāmilīya. Cf. *Mufarriǧ*, V, 263.

4. Sur le nom des contingents mamelouks, cf. *supra*, p. 39, n. 3.

5. D'après Quatremère (I, 1, 162, note 40), dans sa traduction de Maqrīzī, *Sulūk*, le *ṭaštdār* ou *ṭištdār* (cf. Gaudefroy-Demombynes, LII) était chargé de surveiller « le lieu où l'on gardait les étoffes destinées à l'habillement du sultan, les pierreries, les cachets, les épées et autres objets du même genre ».

6. Sur cet émir cf. *supra*, p. 53, n. 3.

7. Dans le ms. Laleli, le nom de ce gouverneur est mal orthographié. Maqrīzī, *Sulūk*, I, 2, 295 donne Bazġaš. Broadhurst dans sa traduction a opté pour Barġaš (p. 254), de même que Garcin, *Qūṣ*, 149.

et pour d'autres, les émirs changèrent de disposition et se mirent d'accord pour le déposer le vendredi 9 šawwāl de cette année-là / 3 mai 1240.

Il avait régné deux ans, deux mois et dix-huit jours. Commencé un jeudi, son règne prit fin un jeudi, neuf mois et neuf jours après la fin de 636 de l'hégire. Il avait, entre autres qualités, une extrême générosité qu'aucun autre Ayyoubide n'avait égalée. Preuve en est que, son père ayant laissé plus de six millions de dinars égyptiens et vingt millions de dirhams *nāṣirīya* [1], al-ʿĀdil distribua le tout aux émirs, aux soldats, et à d'autres encore ; cet argent leur était apporté dans des hottes de portefaix. Nul ne demeura dans son Etat qui n'eût été comblé de ses faveurs, et tous, à son époque, vivaient dans la gaîté et la joie. Toutefois, il n'était pas capable d'administrer le royaume, et consacrait son temps à la boisson, au plaisir et à la musique. C'est pourquoi on se révolta contre lui et on le déposa [2].

Huitième souverain ayyoubide

Al-Malik al-Ṣāliḥ Naǧm al-Dīn Ayyūb b. al-Malik al-Kāmil Muḥammad b. Abī Bakr

Il prit le pouvoir en Egypte le vendredi 23 šawwāl 637 / 17 mai 1240. Les émirs égyptiens et les eunuques (*ḫuddām*), après avoir déposé son frère (al-ʿĀdil), lui écrivirent pour lui demander de venir et d'être leur souverain. Il partit sur l'heure, pénétra en Egypte et en prit possession ; il envoya son frère al-ʿĀdil dans la Citadelle de la Montagne où il le fit enfermer.

Nous allons raconter son histoire depuis le début. Lorsque son père al-Malik al-Kāmil — Dieu l'ait en sa miséricorde ! — était parti prendre Damas dans le courant de l'année 625 / 12 décembre 1227-29 novembre 1228, il en avait fait son lieutenant au Caire et avait chargé Faḫr al-Dīn Ibn al-Šayḫ de l'administration des finances. Mais celui-ci eut peur pour lui-même et alla se mettre au service d'al-Malik al-Kāmil. Puis, en l'année 627 / 20 novembre 1229-8 novembre 1230, la mère d'al-Malik al-ʿĀdil envoya à al-Malik al-Kāmil (un message)

1. Sur les dirhams *nāṣirīya*, frappés par Saladin, cf. Ashtor, *Prix et salaires*, 122.

2. Le ms. B (206 v°-207 r°) donne une version légèrement différente de la déposition d'al-ʿĀdil, notamment dans l'ordre des paragraphes, mais n'apporte aucune information supplémentaire, sauf la correspondance à l'an du monde : 6731, huit mois et neuf jours (l'an du monde 6731 commence le 29 août 1238 et se termine le 29 août 1239).

pour le mettre en garde contre son fils al-Ṣāliḥ, qui (s'apprêtait) à prendre le pouvoir, et avait acheté un millier de mamelouks. Al-Kāmil était alors à al-Raqqa, sur les bords de l'Euphrate. Il partit immédiatement pour l'Egypte où il arriva en raǧab de l'année 627 / 16 mai-14 juin 1230. Il changea totalement d'attitude à l'égard de son fils al-Ṣāliḥ qu'il prit en haine, ce que tous remarquèrent ; puis il l'exila hors d'Egypte et l'envoya résider en Orient sans lui accorder le moindre pouvoir [1].

Cependant, lorsqu'en 630 / 18 octobre 1232-6 octobre 1233, al-Kāmil se rendit en Orient et s'empara d'Āmid ainsi que du Diyār Bakr, **/ 149 /** il lui donna Ḥiṣn Kayfā avec son territoire, et nomma l'eunuque (*ṭawāšī*) Šams al-Dīn Ṣawāb lieutenant du sultanat pour Āmid et tous les territoires d'Orient [2]. A la mort de Šams al-Dīn Ṣawāb, al-Ṣāliḥ s'empara de tous ces territoires et y affermit son autorité. Puis vinrent les princes khwārizmiens, Badr al-Dīn Berke Ḫān [3], Ṣārū Ḫān, Bardī Ḫān, Kušlū Ḫān, accompagnés de leurs troupes et d'un grand nombre d'émirs et de chefs, au total plus de quinze mille cavaliers [4]. Al-Ṣāliḥ manifesta une grande joie à leur arrivée, les combla de faveurs et de bienfaits, et fut amené à congédier tous les émirs, qui avaient été *ġulām* de son père et membres de son entourage et qui se trouvaient dans le pays ; il donna leurs concessions (*aḫbāz*) aux Khwārizmiens. Alors ces émirs, l'ayant quitté, allèrent se mettre au service de son père al-Malik al-Kāmil et lui racontèrent ce qui leur était arrivé. Al-Kāmil, ne supportant pas cela, fit savoir à son fils qu'il le désavouait pour ce qu'il avait fait. Mais celui-ci allégua l'excuse suivante : les Khwārizmiens étant arrivés au nombre de quinze mille cavaliers, voire plus, il avait été dans l'impossibilité de les combattre et de les chasser hors du pays. Il avait craint, alors, de les voir s'emparer de la région et l'en expulser. Cette explication parut claire à son père, qui le remercia de ce qu'il avait fait.

Il dit : en 635 / 24 août 1237-13 août 1238, à la mort de son oncle al-Ašraf, al-Ṣāliḥ occupa Sinǧār, le Ḫābūr et leurs territoires, agran-

1. Sur ces événements cf. *supra*, p. 44.
2. Cf. *supra*, p. 47.
3. Sic dans le ms. Laleli et dans l'édition. Il convient de lire Ḥusām al-Dīn Berke Ḫān comme dans *Mufarriǧ*, V, 135 et *infra*, p. 80.
4. Sur les Khwārizmiens, poussés vers l'ouest par les Mongols, puis défaits par les Seldjouqides de Rūm et les Ayyoubides en 627/1230, cf. *E.I.* 2, « Djalāl al-Dīn Khwārizm-Shāh » (J.A. Boyle) ; Humphreys, 176-178, 215-219. Les survivants se mirent d'abord au service du sultan seldjouqide de Rūm, puis en 634/1237, passèrent au service d'al-Ṣāliḥ Ayyūb en Djéziré. Cf. Humphreys, 233-234. Sur leurs chefs, cf. Cahen, « Sa'd al-Dīn », 467. Le troisième nom, donné par Cl. Cahen sous la forme Bardum Ḫān, figure dans le ms. Laleli comme dans Ibn al-Furāt, éd. Lyons, 3, trad., 2, sous la forme Bardī Ḫān.

dissant ainsi sa principauté. Il maria sa sœur utérine à Berke Ḫān et décida de faire épouser la fille de Berke Ḫān à son fils al-Malik al-Muġīṯ ʿUmar. Il envoya celui-ci vivre parmi les Khwārizmiens, chevaucher, camper et se déplacer avec eux. Tantôt ils lui obéissaient, tantôt ils se fâchaient et lui demandaient ce qu'il n'était pas à même de leur donner, et il en fut ainsi jusqu'à la mort de son père al-Malik al-Kāmil, en rağab 635 / 17 février-18 mars 1238, alors qu'al-Ṣāliḥ était à Sinğār. Lorsque Badr al-Dīn Lu'lu', maître de Mossoul, apprit la mort d'al-Malik al-Kāmil, il lui vint l'envie de prendre Sinğār, Āmid, et toutes les possessions d'al-Malik al-Ṣāliḥ. Il partit avec ses troupes pour Sinğār, qu'il assiégea très durement. Les Khwārizmiens allaient alors de pâturage en pâturage, mangeant et buvant. Al-Malik al-Ṣāliḥ leur fit demander secours, mais ils ne lui prêtèrent aucune attention. Il leur envoya finalement Badr al-Dīn al-Sinğārī, cadi de Sinğār [1], qui se rendit auprès d'eux, attisa leurs convoitises en leur disant que le maître de Mossoul ne disposait que d'une poignée d'hommes et qu'il avait des biens considérables et beaucoup de chevaux ; ses richesses et celles de son armée seraient leur butin. Alors, ils se dirigèrent tous vers Badr al-Dīn Lu'lu' qui leva le siège de Sinğār lorsqu'il apprit leur arrivée. Mais ils tombèrent sur son armée, la défirent et la mirent en déroute ; Badr al-Dīn Lu'lu' s'enfuit vers Mossoul où il entra avec un petit nombre d'hommes, tandis que les Khwārizmiens s'emparaient de ses biens, de ses trésors, de ses provisions, des bagages de son armée, amassant ainsi un énorme butin.

Ensuite, al-Ṣāliḥ quitta Sinğār, y laissant des lieutenants, et se rendit à Ḥiṣn Kayfā. Al-Malik al-Ğawād envoya un messager lui proposer Damas en échange de Sinğār. Al-Ṣāliḥ accepta ; il laissa à sa place [2] son fils al-Muʿaẓẓam Tūrānšāh à Ḥiṣn Kayfā et installa des lieutenants dans les territoires orientaux. Puis il partit pour Damas où il entra le dimanche au début de ğumādā II 636 / 9 janvier-6 février 1239. Al-Malik al-Ğawād se dirigea vers Sinğār et en prit possession. Cette même année, al-Malik al-Ṣāliḥ Nağm al-Dīn Ayyūb quitta Damas avec l'intention de prendre Homs. Il désigna Nāṣir al-Dīn al-Qaymarī [3] comme lieutenant du sultanat à Damas et alla camper à al-Ḫawābī en dessous de Ṯanīyat al-ʿUqāb [4], où il demeura jusqu'à la

1. Badr al-Dīn Yūsuf b. al-Ḥasan al-Zurārī (ou al-Zarzārī), mort en 663/1264. Cf. Ḏahabī, *ʿIbar*, V, 274 ; Ibn al-Ṣuqāʿī, n° 278.

2. Le texte arabe dit « il fit prêter serment » (*istaḥlafa*). Mais nous avons corrigé en *istaḫlafa* d'après la version des événements donnés par Maqrīzī, *Sulūk*, I, 2, 279.

3. Chef du contingent kurde des Qaymarīya. Cf. Humphreys, 252 et 463 n. 40.

4. « La Montée de l'aigle », passe située au nord de Damas, sur la route de Homs. Cf. Le Strange, *Palestine*, 545.

fête de la rupture du jeûne. Il apprit alors qu'un certain nombre d'émirs égyptiens — ceux que nous avons déjà cités — avaient quitté son frère al-Malik al-ʿĀdil, souverain du Caire, et venaient se mettre à son service. Il partit d'al-Ḫawābī pour Ḫirbat al-Luṣūṣ, où il les rencontra. Très heureux de leur arrivée, il leur distribua des robes d'honneur et leur accorda des faveurs. **/ 150 /** Ceux-ci l'incitèrent à marcher sur l'Egypte pour s'en emparer et suscitèrent sa convoitise en lui expliquant que tous les émirs au Caire étaient d'accord avec eux. Al-Malik al-Ṣāliḥ, accompagné de ses troupes et des Egyptiens venus jusqu'à lui, se dirigea vers Naplouse où il campa. Cette ville appartenait à son cousin al-Nāṣir Dā'ūd, maître d'al-Karak : sa région était une terre fertile, et ses oliveraies d'un grand rapport. L'ensemble des émirs lui conseilla de donner Naplouse et sa région en *iqṭāʿ* aux Egyptiens nouvellement arrivés. Il se rangea à cet avis, leur accorda ces *iqṭāʿ*, et ils en perçurent les récoltes.

Al-Ṣāliḥ Ismāʿīl, oncle d'al-Ṣāliḥ Ayyūb et maître de Baalbek, avait envoyé son fils al-Malik al-Manṣūr au service de son neveu, avec un détachement de sa propre armée ; mais, lorsqu'il apprit qu'al-Ṣāliḥ Ayyūb avait quitté son territoire et se dirigeait vers l'Egypte, il s'entendit avec al-Muǧāhid, maître de Homs, pour prendre Damas par ruse et par traîtrise. Tous deux écrivirent à un certain nombre de commandants des portes de la ville, qui leur répondirent favorablement, et tous convinrent du jour de leur arrivée à Damas. Al-Ṣāliḥ, maître de Baalbek, eut recours à la ruse pour retirer son fils, al-Manṣūr, du service d'al-Malik al-Ṣāliḥ Naǧm al-Dīn Ayyūb. Il lui dépêcha Nāṣir al-Dīn Ismāʿīl b. Yaġmūr [1] qui lui dit qu'al-Ṣāliḥ, son esclave, aspirait à le servir personnellement et à l'accompagner en Egypte, mais qu'il demandait que son fils puisse rester à Baalbek pour en assurer la garde, afin qu'il puisse se présenter lui-même au service du sultan. Al-Malik al-Ṣāliḥ Naǧm al-Dīn accepta, et prescrivit à al-Manṣūr de rejoindre son père. Mais ensuite, la rumeur se répandit qu'al-Ṣāliḥ Ismāʿīl avait l'intention de marcher sur Damas et de la prendre par traîtrise. Al-Rukn al-Muʿaẓẓamī, qui était au service d'al-Ṣāliḥ Naǧm al-Dīn (Ayyūb), l'en informa, mais celui-ci lui répondit : « Que mon bâton frappe dans le désert et mon oncle n'osera pas attaquer la ville ! » Aussi plus personne ne lui reparla de cette affaire. Ensuite il envoya al-Malik al-Muġīṯ ʿUmar [2] à Damas pour résider dans la citadelle, alors que Nāṣir al-Dīn al-Qaymarī

1. Fidèle émir d'al-Ṣāliḥ Ismāʿīl. Emprisonné en Egypte, en 644/1246, il fut exécuté en 648/1251. Cf. Humphreys, 289, 320, et *infra*, p. 94.

2. Fils aîné d'al-Ṣāliḥ Ayyūb (m. 642/1244). Cf. *supra*, p. 65 et Humphreys, 256-258, 272-274, 276.

restait lieutenant du sultanat dans la ville. Puis al-Ṣāliḥ Ismāʿīl marcha avec ses troupes sur Damas où il arriva le 27 muḥarram 637 / 29 août 1239. Les commandants de la Porte des Jardins (Bāb al-Farādīs) ouvrirent à al-Ṣāliḥ Ismāʿīl qui entra et prit possession de la ville le jour même. Quant à al-Muǧāhid, maître de Homs, il arriva avec un jour de retard, le 28 muḥarram. La citadelle résista toutes portes fermées, al-Ṣāliḥ Ismāʿīl l'assiégea durement, et s'en empara le lendemain de son entrée à Damas. Il y pénétra, en prit possession, arrêta al-Muġīṯ ʿUmar b. al-Ṣāliḥ Naǧm al-Dīn Ayyūb, et l'enferma dans une tour de la citadelle.

A cette nouvelle, al-Ṣāliḥ Naǧm al-Dīn Ayyūb quitta Naplouse pour marcher sur Damas ; mais, lorsqu'il fut parvenu à al-Quṣayr Muʿīn al-Dīn, dans le Ġawr [1], les émirs damascains et égyptiens reçurent des lettres d'al-Ṣāliḥ Ismāʿīl les invitant à le rejoindre et leur promettant bienfaits et faveurs. Alors ils partirent tous pour Damas, entre autres Muǧīr al-Dīn et Taqī al-Dīn, fils d'al-ʿĀdil [2], ainsi que les émirs égyptiens, et quelques-uns des émirs qui étaient venus d'Orient avec al-Ṣāliḥ Naǧm al-Dīn Ayyūb. Seuls restèrent auprès de lui Šihāb al-Dīn b. Kūǧibā [3], Ḥusām al-Dīn b. Abī ʿAlī [4], Šihāb al-Dīn al-Bawāšiqī, ainsi que soixante-dix à quatre-vingts de ses mamelouks, un point c'est tout. Ce fut une nuit extraordinairement sombre que celle où al-Ṣāliḥ perdit son pouvoir. Il se retrouva au matin désorienté, ne sachant vers où aller. Louange à Celui dont le pouvoir ne cesse pas !

Quand les émirs arrivèrent auprès d'al-Ṣāliḥ Ismāʿīl, il les accueillit avec générosité, mais, peu après, il fit enfermer ses propres frères Muǧīr al-Dīn et Taqī al-Dīn dans la citadelle... [5], puis il les libéra. Il emprisonna aussi les émirs égyptiens ʿIzz al-Dīn Aybak al-Kurdī, **/ 151 /** ʿIzz al-Dīn Qaḍīb al-Bān, Sayf al-Dīn Sunqur al-Dunaysirī, ʿIzz al-Dīn Balabān al-Muǧāhidī [6], et, peu après, les fit tuer de nuit et

1. Al-Quṣayr al-Muʿaynī dans le ms. Laleli et dans l'édition. Il s'agit en fait d'al-Quṣayr Muʿīn al-Dīn, village connu de la vallée du Jourdain. Cf. Le Strange, *Palestine*, 490.

2. Cf. *supra*, p. 27, 52 et 57.

3. Kūḥyā dans l'édition, à corriger en Kūǧibā, d'après Sibṭ Ibn al-Ǧawzī (p. 791), et Maqrīzī (*Sulūk*, I, 2, 288, trad. Broadhurst, 248). Mais al-Iṣfahānī (*Fatḥ*, 161) et Ibn Wāṣil (*Mufarriǧ*, IV, 217 et V, 242) donnent la forme Kawšaba. Cet émir (m. 652/1254) était le fils de Saʿd al-Dīn b. Kawšaba al-Asadī, lui-même neveu par sa mère du sultan al-ʿĀdil I.

4. Sur l'émir kurde Ḥusām al-Dīn b. Abī ʿAlī al-Haḏbānī, *ustādār* d'al-Ṣāliḥ Ayyūb, cf. Humphreys, 251.

5. Suit un mot non identifié : Ġ.r.bā dans l'édition, et ʿArqā dans Laud. Ce passage est omis dans le ms. B.

6. Les émirs égyptiens qui avaient abandonné al-ʿĀdil en 636/1239. Cf. *supra*, p. 60.

enterrer au cimetière des soufis. Nūr al-Dīn b. Faḫr al-Dīn 'Uṯmān [1] était allé à Bagdad, et lorsqu'il revint à Damas, il fut lui aussi enfermé dans la citadelle, où il mourut en 645 / 8 mai 1247-25 avril 1248.

Quant à al-Ṣāliḥ Naǧm al-Dīn Ayyūb, il se décida à gagner Naplouse, et, accompagné de ceux qui lui étaient restés fidèles, il s'y rendit avec ses trésors, ses tentes et ses bagages. Al-Ḥusām Lu'lu', *ġulām* de son oncle al-Ṣāliḥ Ismā'īl, à la tête d'un grand nombre d'Arabes Yazīdī et autres, le poursuivit jusqu'au Sawād avec l'intention de l'attaquer et de le piller. Al-Malik al-Ṣāliḥ Naǧm al-Dīn saisit sa lance, et chargea avec tous les siens. Il tua l'un des émirs arabes, ses mamelouks livrèrent un combat acharné, et les assaillants se replièrent. Al-Ṣāliḥ atteignit Naplouse, où il demeura quelques jours. Son cousin al-Nāṣir Dā'ūd, apprenant qu'il était à Naplouse, envoya Šams al-Dīn Ildegiz al-Wazīrī [2], gouverneur de la ville, qui se saisit de lui en pleine nuit, alors que ses mamelouks s'étaient dispersés dans leurs tentes. Il l'amena à al-Karak et le fit enfermer sous la garde de l'émir Šihāb al-Dīn 'Īsā b. Šayḫ al-Islām [3]. La mère d'al-Nāṣir Dā'ūd venait le voir et lui apportait ce dont il avait besoin. Puis son frère al-'Ādil fit demander à al-Nāṣir de lui envoyer al-Ṣāliḥ ; il lui donnerait en échange quatre cent mille dinars, et lui remettrait Damas une fois qu'il l'aurait conquise. Mais al-Nāṣir lui fit répondre en ces termes : « Si tu conquiers Damas et me la remets, alors je te le livrerai. » Al-Ṣāliḥ Naǧm al-Dīn Ayyūb resta dans la prison d'al-Karak jusqu'à la dernière décade de ramaḍān 637 / 14-24 avril 1240. Puis il s'entendit avec al-Nāṣir Dā'ūd : une fois libéré, s'il se rendait maître du Caire, il prendrait Damas et la lui remettrait ainsi que quatre cent mille dinars égyptiens. Al-Nāṣir Dā'ūd lui fit prêter serment, et le fit sortir de prison le 27 ramaḍān / 21 avril 1240. Il était resté enfermé sept mois et quelques jours.

Il dit : cette année-là, mourut al-Malik al-Muǧāhid Asad al-Dīn Šīrkūh b. Muḥammad b. Šīrkūh, maître de Homs, après un règne de cinquante-six ans et à l'âge de soixante-huit ans.

Sa biographie : C'était un prince résolu et bon administrateur, mais il aimait amasser l'argent et se montrait injuste et oppresseur envers ses sujets. Il imposa aux marchands et aux voyageurs qui arrivaient

1. Cf. *supra*, p. 56.

2. Sibṭ Ibn al-Ǧawzī (p. 726-727) dit qu'al-Wazīrī se trouvait déjà à Naplouse et qu'il informa al-Nāṣir Dā'ūd de la situation. Celui-ci dépêcha les émirs 'Imād al-Dīn b. Mūsak et al-Ẓāhir b. Sunqur al-Ḥalabī pour arrêter al-Ṣāliḥ Ayyūb.

3. Il faut sans doute lire Naǧm al-Dīn b. Šayḫ al-Islām (cf. Maqrīzī, *Sulūk*, I, 2, 335, trad. Broadhurst, 289-290). Cet homme très pieux avait été chargé par al-Nāṣir Dā'ūd de tenir compagnie à al-Ṣāliḥ Ayyūb dans sa prison. Il mourut, en 647/1249, dans les combats contre les Francs en Egypte. cf. *infra*, p. 84.

sur son territoire des droits contraires à la coutume établie. On raconte cette histoire à son sujet : ayant appris qu'une grande caravane dont faisait partie un certain nombre de marchands s'était détournée de son chemin par crainte de ses abus et de ses exactions, il partit lui-même à cheval, s'empara de la caravane et de tout ce qu'elle transportait et emprisonna les marchands pour une longue période. Il finit par les libérer sans rien leur rendre. Il mourut alors qu'un grand nombre d'hommes et de femmes se trouvait dans ses prisons. Son fils al-Manṣūr Nāṣir al-Dīn Ibrāhīm lui succéda à la tête de toute la principauté ; une fois son pouvoir affermi, il fit arrêter son frère al-Mas'ūd, l'envoya dans la citadelle de Palmyre et l'enferma dans un cachot où il resta jusqu'à sa mort. Son (autre) frère, al-Ṣāliḥ Nūr al-Dīn Ismā'īl [1], s'enfuit en Egypte. Al-Manṣūr b. al-Muǧāhid fit alliance avec al-Ṣāliḥ (Ismā'īl), maître de Damas : ils se promirent aide et assistance mutuelle, et agirent en complet accord.

Cette année-là, au Caire, al-Malik al-'Ādil b. al-Kāmil fut détrôné, comme nous l'avons déjà raconté [2]. Les émirs et les commandants de la garde (*ḥalqa*) firent appeler son frère al-Ṣāliḥ Naǧm al-Dīn Ayyūb. Il partit les rejoindre et arriva au Caire dont il prit possession le vendredi 23 šawwāl 637 / 17 mai 1240. Il enferma son frère al-'Ādil dans la Citadelle de la Montagne et prit pour vizir Mu'īn al-Dīn Ibn al-Šayḫ auquel il confia l'administration du royaume [3]. Al-Nāṣir Da'ūd l'avait accompagné au Caire pour lui demander de tenir sa promesse. Une fois son pouvoir affermi, **/ 152 /** et la situation consolidée, al-Ṣāliḥ lui fit porter deux cent mille dinars sur la somme convenue. Al-Nāṣir lui réclama d'équiper une armée pour partir à la conquête de Damas, mais al-Ṣāliḥ différa et repoussa (sa décision) de jour en jour. Al-Malik al-Nāṣir se mit à divaguer, parlant à tort et à travers ; il distribua aux émirs égyptiens la plupart des biens qu'il avait reçus en concession (*ḫubz*). Ayant appris cela, al-Malik al-Ṣāliḥ l'expulsa d'Egypte, et avec lui l'émir Sayf al-Dīn b. Qilīǧ [4] ; al-Nāṣir alla camper à Gaza, puis se rendit à al-Karak, et donna à Sayf al-Dīn b. Qilīǧ la citadelle de 'Aǧlūn avec son territoire, ainsi que Baysān et sa province [5]. Al-Malik al-Ṣāliḥ Naǧm al-Dīn Ayyūb entreprit d'administrer son royaume et d'en contrôler les affaires. Il s'empara de

1. Exécuté, en 658/1260, par les Mongols en même temps qu'al-Malik al-Nāṣir Yūsuf. Cf. Humphreys, 357.
2. Cf. *supra*, p. 61-63.
3. Cf. *supra*, p. 63 et 47, n. 1.
4. Cf. *supra*, p. 58, n. 2..
5. Sur Baysān, à une trentaine de kilomètres au sud du lac de Tibériade, cf. *E.I.* 2, « Baysān » (J. Sourdel-Thomine).

l'émir ʿIzz al-Dīn Aybak al-Asmar [1] et des eunuques qui avaient arrêté son frère, et les emprisonna. Il arrêta aussi tous ceux qui avaient soutenu la destitution de son frère, il prit leurs biens et en tua plusieurs. Certains Ašrafīya s'enfuirent, d'autres se cachèrent. Il se lança à leur poursuite et tua tous ceux qui tombèrent en son pouvoir jusqu'à ce qu'il les eût progressivement anéantis les uns après les autres. Il nomma émirs ses propres mamelouks et leur distribua des *iqṭāʿ*.

Année 638 / 23 juillet 1240-11 juillet 1241 [2]

L'historien dit : en 638, al-Malik al-Ǧawād revint de Sinǧār. En effet, après s'y être rendu et s'en être emparé, il y avait demeuré quelque temps ; il avait eu l'idée d'entrer en relations avec Badr al-Dīn Luʾluʾ, maître de Mossoul, recherchant ainsi son aide et son appui afin de réaliser ses projets ; il envoya demander sa fille en mariage. Badr al-Dīn accepta, mais avec la secrète intention d'agir avec perfidie et de le trahir. Une fois l'affaire conclue, il lui envoya sa fille, son fils al-Malik al-Muẓaffar [3] et son chambellan (*ḥāǧib*) Iḫtiyār al-Dīn, qu'il chargea d'argent et de magnifiques robes d'honneur pour les chefs et les notables de la ville de Sinǧār. Al-Malik al-Ǧawād étant parti à la chasse, chefs et notables de Sinǧār se rassemblèrent et prêtèrent serment au maître de Mossoul. Quand al-Malik al-Ǧawād revint de la chasse, ils lui interdirent l'accès de la ville, se révoltèrent contre lui, et lui fermèrent au nez les portes de la ville. Al-Ǧawād abandonna la place et partit pour ʿĀna [4] où il demeura un certain temps avant de la vendre au calife et de revenir en Syrie. Badr al-Dīn Luʾluʾ prit possession de Sinǧār, et y installa son fils al-Muẓaffar. Puis al-Malik al-Ǧawād partit pour se mettre au service d'al-Ṣāliḥ, souverain du Caire, mais celui-ci l'empêcha d'arriver jusqu'à lui et le repoussa au-delà du désert (*al-raml*). Al-Ǧawād retourna vers Gaza, où campait son cousin al-Nāṣir Dāʾūd, maître d'al-Karak, qui se montra extrê-

1. Cf. *supra*, p. 62, n. 1.
2. Aux sources indiquées par Cahen, « al-Makīn », 121, on peut ajouter Maqrīzī, *Sulūk*, I, 2, 300-308, trad. Broadhurst, 259-266, qui rapporte, comme al-Makīn, les combats qui eurent lieu entre al-Ṣāliḥ Ismāʿīl et al-Nāṣir Dāʾūd, puis le revirement d'al-Ṣāliḥ Ismaʿīl qui renonça à attaquer l'Egypte.
3. Al-Malik al-Muẓaffar ʿAlāʾ al-Dīn, maître de Sinǧār, à la mort de son père, en 657/1259. Il fut nommé par Quṭuz en 658/1260, après la défaite mongole, *nāʾib* d'Alep. Cf. *Aʿlāq* (Djéziré), 206-209 ; Humphreys, 360 et *infra*, p. 121
4. Ville située sur l'Euphrate, en Iraq actuel, à 148 kilomètres au nord-ouest de Hīt. Cf. *E.I.* 2, « ʿĀna » (S.H. Longrigg).

mement heureux de son arrivée, et lui fit dresser une tente avec une tente de réception (*dihlīz*) comme pour les rois. Mais au fond de lui-même il n'avait pas oublié [1] leurs anciens démêlés dont on a parlé plus haut [2]. Au bout de quelques jours, il l'arrêta avec le dessein de le tuer, mais Dieu Très Haut le libéra. Il chercha refuge auprès de son oncle al-Ṣāliḥ Ismā'īl qui était alors maître de Damas. Celui-ci ne lui permit pas de le rejoindre mais lui envoya des subsides et cinq cents cavaliers, lui écrivant de se rendre sur le littoral, de s'y établir, de rencontrer les princes francs et le chef des Templiers pour s'entendre avec eux ; il en informa les Francs par lettre, car il avait déjà correspondu avec eux. Il demanda à al-Ǧawād son alliance contre le souverain du Caire. Al-Malik al-Ǧawād se rendit auprès des Francs, se joignit à eux, et s'installa avec ses troupes à Césarée (Qaysārīya). Il disait qu'ils étaient ses frères, car sa mère était franque, et c'est la raison pour laquelle il leur inspira une grande sympathie.

Le souverain du Caire, ayant appris cela, envoya une lettre à al-Ǧawād remplie de belles promesses, pour lui demander d'amener les Francs à lui obéir ; en échange, ils obtiendraient tout ce qu'ils demanderaient. Ainsi agit al-Ǧawād ; il fit pencher les Francs en faveur d'al-Ṣāliḥ et le lui fit savoir. Il lui demanda de leur dépêcher un envoyé pour recueillir leur serment. Al-Ṣāliḥ dépêcha donc un envoyé qui recueillit les serments d'al-Malik al-Ǧawād, du chef des Templiers, et des notables francs. Une fois assuré de leur fidélité, le souverain du Caire leur envoya l'émir Rukn al-Dīn al-Hayǧāwī [3] à la tête d'une forte armée. Il demanda à al-Malik al-Ǧawād de rejoindre l'émir Rukn al-Dīn et de s'entendre avec lui sur ce qu'il convenait de faire. Al-Ǧawād se conforma à cet ordre. Mais lorsque le souverain du Caire fut assuré qu'il avait agi ainsi, il écrivit à Rukn al-Dīn al-Hayǧāwī de l'arrêter et de l'envoyer au Caire **/ 153 /** sous bonne garde. Cependant chacun des deux informa l'autre des ordres qu'il avait reçus à son sujet, et ils furent d'accord pour abandonner le service du souverain du Caire. Al-Malik al-Ǧawād alla chercher refuge chez les Francs et se fixa à Acre. Quant à al-Rukn al-Hayǧāwī, il fit camper l'armée égyptienne à Gaza puis se rendit à Damas, et demanda refuge au maître de la ville. Il resta auprès de lui sans se mettre à son service mais en lui rendant souvent visite. (Son hôte) le traitait avec honneur et générosité et le consultait pour ses affaires. L'armée d'Egypte qui était à Gaza retourna au Caire.

L'historien dit : j'ai moi-même rencontré le cheikh Walī al-Dawla

1. En arabe : *wa fī nafsihi minhu bāqīhā*
2. Cf. *supra*, p. 56-57.
3. Cf. *supra*, p. 53, n. 3.

connu sous le nom d'al-Ḥakīm b. al-Ḫaṭṭāb qui était secrétaire et médecin (*ḥakīm*) de l'émir Rukn al-Dīn al-Hayǧāwī et je l'ai interrogé sur ces faits. Il me raconta que le sultan al-Malik al-Ṣāliḥ avait écrit à l'émir Rukn al-Dīn d'arrêter al-Malik al-Ǧawād, et de l'envoyer sous bonne garde (en Egypte), mais l'émir en avait prévenu al-Ǧawād, qui s'était sauvé chez les Francs ; al-Hayǧāwī avait alors craint pour lui-même et s'était enfui vers Damas. Telle est la vérité, mais Dieu seul sait.

Il dit : quand al-Malik al-Ṣāliḥ, maître de Damas, eut connaissance des troubles qui s'étaient produits (en Egypte) et de l'arrestation des Ašrafīya et des eunuques (*ḫuddām*) commandants de la garde (*ḥalqa*), lorsqu'il apprit que tous les émirs du Caire craignaient personnellement pour leur vie, il entreprit de marcher sur Le Caire et eut l'idée d'écrire à ces émirs pour se les concilier, atteindre ainsi son but, et occuper la ville. Il se prépara et équipa ses troupes ; il fit venir al-Malik al-Manṣūr, maître de Homs, ainsi que des renforts d'Alep, puis se mit en route vers Le Caire. Il apprit alors qu'al-Malik al-Nāṣir Dā'ūd, maître d'al-Karak, campait à Ḥisbān [1] dans la région d'al-Balqā' ; comme il lui était impossible de poursuivre en le laissant derrière lui dans la région, il marcha contre lui, l'affronta et le vainquit. Al-Nāṣir s'enfuit vers al-Karak ; ses bagages furent pris et nombre de ses compagnons furent faits prisonniers parmi lesquels al-Ẓuhayr b. Sunqur al-Ḥalabī [2], l'un des notables de son Etat. Quant au maître de Damas, il alla camper avec ses troupes au bord du Nahr al-ʿAwǧā' [3], et écrivit à al-Malik al-Ǧawād lui reprochant de rester parmi les Francs et lui demandant de le rejoindre. Al-Ǧawād vint et demeura auprès de lui sur les bords du (Nahr) al-ʿAwǧā'. Puis al-Ṣāliḥ Ismāʿīl fit demander aux Francs de conclure avec lui une alliance contre le souverain du Caire, leur promettant de leur donner, une fois Le Caire conquis, la région côtière et toutes les conquêtes d'al-Malik al-Nāṣir Ṣalāḥ al-Dīn Yūsuf (Saladin). Les Francs envoyèrent consulter al-Malik al-Ǧawād qui leur écrivit pour les mettre en garde et pour les empêcher de conclure un accord avec al-Ṣāliḥ. Cette lettre, qu'il avait écrite lui-même, tomba entre les mains de son oncle al-Ṣāliḥ, maître de Damas, qui le convoqua, lui montra la lettre écrite de sa main, et le fit avouer. Il le fit arrêter au camp d'al-ʿAwǧā' et l'envoya à Damas sous bonne garde, où il fut enfermé. Il mourut en prison : on dit qu'al-Ṣāliḥ Ismāʿīl le fit étrangler avec une corde d'arc

1. Sur Ḥisbān (Heshbon), au nord-est de la mer Morte, cf. Le Strange, *Palestine*, 456.
2. Les mss. et l'édition donnent Ẓuhayr, mais il faut lire Ẓāhir al-Dīn Sunqur al-Ḥalabī, important émir d'al-Nāṣir Dā'ūd. Cf. Humphreys, 260, 262, 456 n. 36.
3. Cours d'eau de Palestine, au nord de Ramla, dont les sources sont situées à proximité de Naplouse. Cf. Le Strange, *Palestine*, 55-56.

et répandit le bruit qu'il était mort de mort naturelle. Al-Ṣāliḥ l'avait fait tuer parce que les Francs, en apprenant son emprisonnement, l'avaient réclamé à plusieurs reprises. Aussi l'avait-il fait exécuter et disait qu'il était mort. Ces événements ne se sont pas tous déroulés cette même année 638 / 23 juillet 1240-11 juillet 1241, mais je les ai racontés à la suite afin de ne pas morceler le récit et de ne pas en rompre l'ordonnance.

L'historien dit : le maître de Damas quitta ensuite le camp d'al-ʿAwǧā' avec ses troupes et vint camper à Tall al-ʿAǧūl. Il n'y resta que quelques jours, mais ne trouvant pas d'occasion (propice) il retourna à Damas ; il n'y eut pas, à ce moment-là, d'accord écrit entre le maître de Damas (et les Francs). Le maître de Homs et les renforts venus d'Alep rentrèrent chez eux ; les troupes qui avait été rassemblées furent donc dispersées.

L'historien dit : en cette même année 638 / 23 juillet 1240-11 juillet 1241, al-Ṣāliḥ Ismāʿīl inquiet pour lui-même négocia avec les Francs et conclut avec eux une alliance [1]. Il leur donna, avec sa province et ses territoires, la citadelle de Ṣafad qui était en ruines ; il leur donna également, avec son territoire, la citadelle de Šaqīf qui, elle, était en bon état [2] ; il leur donna, enfin, Tibériade et sa province, ainsi que le Ǧabal ʿĀmila [3] et la moitié de Sidon (Ṣaydā).

Année 639 / 12 juillet 1241-30 juin 1242

Il dit : en 639, il y eut une éclipse de soleil le dimanche 29 rabīʿ I / 7 octobre 1241. Cette même année, al-Mustanṣir billāh, calife de Bagdad, mourut le 22 ǧumādā II / 28 décembre 1241, **/ 154 /** date à laquelle son fils al-Mustaʿṣim billāh lui succéda. Il avait régné quinze ans, trois mois et vingt jours selon l'hégire.

Sa biographie : c'était un souverain résolu, excellent politique et bon administrateur, très juste et généreux, aimé de ses sujets pour son équité. Sous son califat, les Tatars marchèrent sur Bagdad ; il avait alors fait recruter d'excellentes troupes en Syrie ; il organisa une expédition, affronta les Tatars et leur infligea une déroute totale. Dieu l'ait en sa miséricorde !

1. Ces négociations sont à replacer dans le contexte de la croisade menée par Thibaud de Champagne et Richard de Cornouailles (1239-1241), cf. Setton, II, 463-485.
2. Ṣafad, sur la route entre Acre et Damas. Šaqīf Arnūn, le Beaufort des Francs, dans l'arrière-pays entre Tyr et Sidon (Ṣaydā). Cf. Le Strange, *Palestine*, 524-525 et 534-535.
3. C'est-à-dire la Galilée du Nord. Cf. Le Strange, *Palestine*, 75-76.

Cinquante-huitième calife, trente-septième calife abbasside

Al-Musta'ṣim billāh b. al-Mustanṣir billāh
b. al-Ẓāhir b. al-Nāṣir li-Dīn Allāh

Il fut reconnu calife le jour de la mort de son père à la date déjà indiquée et il établit solidement son pouvoir.

Année 640 /1er juillet 1242-20 juin 1243 [1]

En 640, le souverain de Rūm s'empara d'Āmid, de son territoire et de ses forteresses. Les Khwārizmiens attaquèrent les régions de Ḥarrān, d'Edesse et de la Djéziré et les dévastèrent.

Cette année-là, mourut la souveraine d'Alep, Ḍayfa Ḫātūn, fille d'al-Malik al-'Ādil. C'était une femme résolue qui, à deux reprises, administra la principauté d'Alep d'excellente façon, ainsi que nous l'avons déjà expliqué [2]. Le prince d'Alep, son fils [3], al-Malik al-Nāṣir, était encore petit, et l'administration de la principauté revint à son atabeg l'émir Šams al-Dīn Lu'lu', qui la dirigea d'excellente manière et fit preuve d'une grande justice envers ses sujets. Al-Malik al-Nāṣir prenait place sur le coussin royal ; l'atabeg s'asseyait à ses pieds en avant du coussin et c'est lui qui avait (le pouvoir) d'ordonner et d'interdire, tout en disant : « Le sultan prescrit ceci ou cela. » Il se conformait aux lois et agissait au nom du sultan al-Malik al-Nāṣir. Il en fut ainsi jusqu'à ce que l'émir Šams al-Dīn Lu'lu' fût tué [4]. Que Dieu l'ait en sa miséricorde !

Année 641 / 21 juin 1243-8 juin 1244 [5]

Il dit : en 641, al-Malik al-Muẓaffar Šihāb al-Dīn Ġāzī, maître de Mayyāfāriqīn, décida de partir à la conquête d'Alep et reçut l'appui du

1. Aux sources indiquées par Cahen, « al-Makīn », 121, on peut ajouter Maqrīzī, *Sulūk*, I, 2, 310-213, trad. Broadhurst, 269-271.
2. Cf. *supra*, p. 25, 30 et 52
3. Son petit-fils, en réalité.
4. Cf. *infra*, p. 92
5. Aux sources indiquées par Cahen, « al-Makīn », 122, on peut ajouter Maqrīzī, *Sulūk*, I, 2, 313-315, trad. Broadhurst, 271-273.

maître de Mārdīn [1]. Il écrivit aux princes khwārizmiens cherchant à se les concilier et leur faisant miroiter butin et territoires. Ils se joignirent à lui au nombre de vingt mille cavaliers auxquels s'ajoutèrent, dit-on, trente mille tentes de Turcomans. Leurs commandants étaient Ibn Dā'ūd et Ibn Samray [2]. L'armée d'Alep se mit en marche sous le commandement d'al-Malik al-Manṣūr, maître de Homs, et les rencontra dans le Ḫābūr près d'al-Miǧdal [3]. La bataille fut dure, et Šihāb al-Dīn Ġāzī, maître de Mayyāfāriqīn, avec les Khwārizmiens et les Turcomans, fut mis en déroute ; l'armée d'Alep s'empara de leurs biens et de leurs bagages, de leurs femmes et de leurs enfants, ramassant un butin incalculable, puis retourna chez elle [4].

Il dit : cette année-là, Bāyǧū [5], à la tête de l'armée tatare, envahit le pays de Rūm dont le souverain Ġiyāṯ al-Dīn b. 'Alā' al-Dīn Kayqubāḏ avait pris ses dispositions en organisant les levées et le rassemblement de ses troupes ; il demanda à Alep de l'aider en recrutant quatre mille cavaliers. Al-Fārisī al-Nāṣiḥ [6] se rendit auprès de lui à la tête du renfort alépin. Ils livrèrent bataille aux Tatars, et l'armée de Rūm fut battue. Les troupes tatares pénétrèrent dans Césarée (Qaysārīya) [7] et dans d'autres villes du territoire de Rūm en faisant de grands massacres. Ġiyāṯ al-Dīn s'enfuit vers la citadelle d'al-'Alā'īya.

Année 642 / **9 juin 1244-28 mai 1245** [8]

Il dit : en 642, tous les Khwārizmiens se rassemblèrent et franchirent l'Euphrate pour aller se mettre au service d'al-Malik / **155** / al-Ṣāliḥ

1. Sur cette ville du Diyār Rabī'a, en Djéziré, cf. *E.I.* 2, « Mārdīn » (V. Minorsky-C.E. Bosworth).
2. Ibn Dā'ūd, chef des Turcomans, est aussi appelé Ibn Dūdā et Ibn Dūdī. Cf. Ibn al-'Adīm, *Zubda*, III, 264 et *A'lāq* (Djéziré), 470. Nous n'avons pas pu identifier le second personnage dont le nom, partiellement vocalisé dans le ms. Laleli, pourrait aussi être lu Samrī.
3. Localité dans la vallée du Ḫābūr entre Ra's al-'Ayn et Ḥasaka. Cf. Yāqūt, *Buldān*, V, 56-57 ; Canard, *Hamdanides*, 38.
4. D'après les autres sources, ces événements eurent lieu en 640/1242. Cf. *Mufarriǧ*, V, 309-311 ; Ibn al-'Adīm, *Zubda*, III, 260-265 ; *A'lāq* (Djéziré), 465-471.
5. Cf. *supra* p. 25 et n. 2. Sur la bataille de Köse-Dagh (26 juin 1243) et la conquête du sultanat seldjouqide de Rūm par les Mongols, cf. Cahen, *Turquie*, 96-97 et 227-255.
6. Nāṣiḥ al-Dīn Abū l-Ma'ālī al-Fārisī, commandant de l'armée alépine dès 635/1237-1238. Cf. Ibn al-'Adīm, *Zubda*, III, 193-194, 235, 268.
7. Sur Césarée d'Anatolie (aujourd'hui Kayseri), cf. *E.I.* 2, « Ḳayṣariyya » (R. Jennings).
8. Aux sources indiquées par Cahen, « al-Makīn », 122, on peut ajouter Ibn al-Furāt, éd. Lyons, 3-9, trad. 2-7 et Maqrīzī, *Sulūk*, I, 2, 315-320, trad. Broadhurst, 273-277.

Naǧm al-Dīn, souverain du Caire ; ils passèrent par Homs et Baalbek, pillant et tuant ; ils ravagèrent le littoral y semant la désolation, puis ils pénétrèrent dans Jérusalem qu'ils pillèrent ; ils tuèrent le patriarche des Rūm et brûlèrent un grand nombre de chrétiens dans l'église du Saint-Sépulcre [1]. Ils arrivèrent à Gaza et al-Malik al-Ṣāliḥ, l'ayant appris, leur ordonna d'y rester ; il leur interdit d'entrer en Egypte et promit de leur donner la Syrie.

Cette année-là, al-Malik al-Ṣāliḥ Ismāʿīl et al-Malik al-Manṣūr, maître de Homs, se mirent d'accord pour attaquer l'Egypte. Ils écrivirent aux Francs et leur proposèrent toutes les provinces du littoral à l'ouest du Jourdain [2], une fois Le Caire conquis, à condition qu'ils marchassent avec eux sur cette ville, accompagnés de tous leurs hommes, cavaliers et fantassins. Les Francs acceptèrent et s'engagèrent par serment. Al-Malik al-Ṣāliḥ (Ismāʿīl), maître de Damas, équipa son armée à laquelle se joignit un renfort alépin. Il fut convenu que le commandement des troupes reviendrait à al-Malik al-Manṣūr, tandis qu'al-Malik al-Ṣāliḥ Ismāʿīl resterait à Damas. Al-Malik al-Manṣūr se rendit à Acre où il demeura dans la maison des Templiers ; les seigneurs francs se rassemblèrent autour de lui, tinrent conseil [3] et décidèrent de partir avec lui. Al-Manṣūr, ainsi que les troupes, les princes francs, les Templiers, les Hospitaliers et les comtes, se mirent en route sans qu'un seul restât en arrière. Ils arrivèrent à proximité de Gaza. Les troupes égyptiennes et khwārizmiennes marchèrent contre eux. Les deux camps s'affrontèrent et le combat se solda par la déroute de l'armée syrienne et de tous les Francs. Al-Manṣūr et les troupes de Syrie qui étaient avec lui s'enfuirent tandis que les Egyptiens et les Khwārizmiens s'emparaient de leurs bagages et de leurs biens. Quant aux Francs, ils organisèrent (le repli) de leurs princes et de leurs comtes et assurèrent leur protection jusqu'à ce qu'ils parvinssent, sans être inquiétés, dans leurs territoires, tandis que les Templiers et les Hospitaliers tenaient ferme face aux troupes égyptiennes et khwāriz-

1. Sur le sac de Jérusalem par les Khwārizmiens (23 août 1244), cf. Setton, II, 561-562. Le patriarche ici mentionné est le patriarche melkite Athanase, cf. V. Grumel, « La chronologie des patriarches grecs de Jérusalem au XIIIe siècle », *Revue des Etudes Byzantines*, 20, 1962, 197-201.

2. En arabe : *min al-māʾ wa-maġrib* (« à l'ouest de l'eau »). Ibn al-Furāt (éd. Lyons, 49, trad. 40), qui emploie la même expression, est néanmoins plus explicite : *min al-māʾ wa huwa l-Šarīʿa wa maġrib* (« à l'ouest de l'eau, c'est-à-dire du Jourdain », al-Šarīʿa désignant le Jourdain, cf. Le Strange, *Palestine*, 52-53). Sur les termes de cet accord, cf. Prawer, II, 308 et Humphreys, 274.

3. Traduction d'après le ms. Laleli, « *ḍarabū mašwaran* ». Sur le sens de cette expression, cf. Dozy, I, 800 et II, 5.

miennes, combattant jusqu'à la mort [1]. Les quelques survivants furent faits prisonniers et emmenés au Caire alors que les troupes égyptiennes et khwārizmiennes s'emparaient de leurs biens et de leurs bagages. Al-Manṣūr arriva à Damas à la tête d'une troupe réduite, et al-Ṣāliḥ Ismā'īl ne le reçut pas, contrairement à son habitude. Al-Manṣūr ne supporta pas cela et voulut gagner Homs, mais ses compagnons lui conseillèrent de rester à Damas et d'entrer en rapport avec al-Ṣāliḥ, souverain du Caire, pour s'arranger avec lui en secret ; il suivit cet avis.

Cette année-là, al-Malik al-Ṣāliḥ, souverain du Caire, équipa une importante armée en vue de prendre Damas. Il en confia le commandement à al-Ṣāḥib Mu'īn al-Dīn Ibn al-Šayḫ ; il lui laissa sa propre place et lui ordonna de présider le repas solennel, selon la coutume des rois. L'eunuque (*ṭawāšī*) Šihāb al-Dīn Rašīd al-Ḫādim [2] qui était intendant du palais (*ustāḏ al-dār*) se tenait à son service pendant le repas, de même que l'émir *ǧāndār* [3] et les chambellans (*ḥuǧǧāb*). Al-Ṣāliḥ envoya un message aux Khwārizmiens leur ordonnant de marcher avec Mu'īn al-Dīn. Celui-ci se rendit à Damas, l'assiégea avec force et n'était pas loin de s'en emparer. Il y eut bien des combats qu'il serait trop long de raconter.

Année 643 / 29 mai 1245-18 mai 1246 [4]

Al-Malik al-Manṣūr voulut livrer Damas aux Khwārizmiens (en leur ouvrant) la Porte Orientale (Bāb Šarqī) par rancune envers al-Malik al-Ṣāliḥ Ismā'īl, mais il y renonça de peur que les musulmans eussent à souffrir des Khwārizmiens. Par la suite les Damascains se mirent d'accord pour livrer la ville à Mu'īn al-Dīn Ḥasan Ibn al-Šayḫ, à condition de pouvoir en sortir sans préjudice ni pour leurs biens ni pour ceux qui leur étaient attachés [5]. Quant à al-Malik al-Ṣāliḥ Ismā'īl, il garderait ses anciennes possessions : Baalbek, Buṣrā et leurs

1. Il s'agit du désastre croisé de La Forbie, près de Gaza survenu le 17 octobre 1244. Sur le rôle des ordres militaires sur le champ de bataille, cf. A. Demurger, « Templiers et Hospitaliers dans les combats de Terre Sainte », dans *Le combattant au Moyen Age. Actes du XVIIIe Congrès de la Société des Historiens Médiévistes, Montpellier 1987*, Paris, 1991, 77-92.

2. L'un des grands émirs d'al-Ṣāliḥ Ayyūb, commandant de la citadelle de Damas de 643 à 647/1245-9. Cf. Humphreys, 284, 298, 315-316.

3. Cf. *supra*, p. 39 et n. 2.

4. Aux sources indiquées par Cahen, « al-Makīn », 122, on peut ajouter Maqrīzī, *Sulūk*, I, 2, 320-323, trad. Broadhurst, 277-280, qui mentionne, comme al-Makīn, la succession de Mu'īn al-Dīn à Damas.

5. Trad. d'après le ms. Laleli : *wa ǧamī' man yata'allaqu bihim.*

provinces ainsi que toute la région du Sawād. (Al-Malik al-Manṣūr conserverait) Homs, Palmyre et al-Raḥba [1]. Muʿīn al-Dīn accepta ces conditions et leur prêta serment. Ayant pris possession de Damas, il y entra le jeudi 10 ǧumādā II 643 / 2 novembre 1245, sans permettre aux Khwārizmiens d'y pénétrer. Al-Ṣāliḥ Ismāʿīl se dirigea vers Baalbek et al-Manṣūr vers Homs, tandis que Muʿīn al-Dīn se rendait maître de Damas et de sa province, de ses places-fortes et de leur territoire. Il les administra d'excellente façon, et concéda en *iqṭāʿ*, par diplômes (*manāšīr*), aux princes khwārizmiens et à leurs émirs **/ 156 /** la plus grande partie de la Syrie et du littoral. Quand le sultan al-Malik al-Ṣāliḥ, souverain du Caire, sut que le maître de Baalbek était parti pour cette ville, il adressa ses reproches à l'eunuque (*ṭawāšī*) Šihāb al-Dīn Rašīd al-Kabīr et aux émirs égyptiens pour l'avoir autorisé à se rendre à Baalbek. « Muʿīn al-Dīn — ajouta-t-il — avait prêté serment aux Damascains, vous non, et vous auriez dû l'arrêter ! » Il exigea qu'al-Rukn al-Hayǧāwī et Amīn al-Dawla fussent envoyés au Caire sous bonne garde, ainsi que le maître de Baalbek. Al-Hayǧāwī et Amīn al-Dawla lui furent livrés ; il les fit incarcérer dans la Citadelle de la Montagne [2].

Cette année-là, l'émir Sayf al-Dīn ʿAlī b. Qilīǧ [3] descendit de la forteresse de ʿAǧlūn et la remit aux lieutenants d'al-Ṣāliḥ, souverain du Caire, puis il se rendit à Damas où il s'installa dans la maison qu'il y possédait, connue sous le nom de Dār al-Fulūs [4]. Il y vécut peu de temps, mourut et y fut enterré.

Il dit : cette année-là, Muʿīn al-Dīn Ibn al-Šayḫ mourut à Damas. Un édit du souverain du Caire arriva, faisant de Šihāb al-Dīn Rašīd al-Kabīr le lieutenant du sultanat (*nāʾib al-salṭana*) à Damas. Celui-ci devait s'installer dans la citadelle tandis que Ḥusām al-Dīn b. Abī ʿAlī [5] était investi du gouvernement de la ville, à charge pour les deux hommes de s'entendre pour administrer la principauté. Ils gouvernèrent fort bien leur Etat et se montrèrent justes envers leurs sujets.

1. Raḥba, actuelle Mayādīn en Syrie, sur l'Euphrate. Cf. Elisséeff, *N.D.*, 157.

2. Sur Rukn al-Dīn al-Hayǧāwī, cf. *supra*, p. 53 et n. 3 ; il mourut en captivité en 644/1246-7 (cf. Sibṭ, 765-766). Sur Amīn al-Dawla al-Sāmirī (m. 648/1246-7), médecin et vizir d'al-Ṣāliḥ Ismāʿīl, cf. Humphreys, 278-279, 319-320 et *infra*, p. 94 ; Sibṭ, 783-784 ; Ibn Abī Uṣaybiʿa, 723-728. L'emploi du duel montre bien que seuls les deux émirs furent alors envoyés au Caire. Le maître de Baalbek fut fait prisonnier à la bataille d'al-Kurāʿ en 648/1250, cf *infra*, p. 92.

3. Cf. *supra*, p. 58 et n. 2.

4. Il s'agit peut-être de la maison d'Ismāʿīl b. Ibrāhīm al-Mārdīnī al-Ḥanafī, connu sous le nom d'Ibn Fulūs qui mourut à Damas en 637/1239 (Ibn al-ʿAdīm, *Buġya*, IV, 1612-1613). Il y avait dans les faubourgs de Damas un *masǧid* Fulūs fondé par ce personnage (*Aʿlāq* (Damas), 155).

5. Cf. *supra*, p. 67 et n. 4

Cette année-là, al-Ṣāliḥ, souverain du Caire, fit sortir de prison l'émir Faḫr al-Dīn Ibn al-Šayḫ qu'il avait incarcéré au début de son règne.

Il dit : cette année-là, des envoyés de l'imam al-Mustaʿṣim billāh, souverain de Bagdad, arrivèrent apportant des robes d'honneur et des diplômes d'investiture (*taqālīd*) pour al-Ṣāliḥ, souverain du Caire. Celui-ci revêtit sa robe d'honneur [1], et tandis qu'on lisait le diplôme, il resta debout jusqu'à la fin. Parmi les robes d'honneur, il y en avait une noire pour le vizir Muʿīn al-Dīn qui venait de mourir. Aussi al-Malik al-Ṣāliḥ prescrivit à Faḫr al-Dīn b. al-Šayḫ de la revêtir.

Il dit : al-Ṣāliḥ (Ismāʿīl), maître de Baalbek, apprit qu'al-Ṣāliḥ, souverain du Caire, avait reproché aux émirs égyptiens de ne pas l'avoir arrêté. Aussi craignit-il pour lui-même et écrivit-il à ʿIzz al-Dīn, maître de Sarḫad [2], et aux princes khwārizmiens. Ils se mirent tous d'accord, assiégèrent Damas, pillèrent, ravagèrent et détruisirent le pays. Le ravitaillement de la ville fut coupé, les prix montèrent à l'extrême, au point que le froment atteignit mille six cents dirhams *nāṣirīya* pour une *ġirāra* [3]. Cela dura trois mois au bout desquels les assiégeants s'en allèrent. Les vivres revinrent, et les prix baissèrent ; mais la plus grande partie de la population était morte de faim.

Année 644 / 19 mai 1246-7 mai 1247 [4]

Il dit : en 644, eut lieu la déroute des Khwārizmiens sur le Nahr al-Qaṣab dans les environs de Homs [5]. En effet, devant la multiplication de leurs ravages qui avaient atteint le territoire alépin, al-Nāṣir, maître d'Alep, mit sur pied une importante armée pour les combattre et les repousser hors du pays. Il en confia le commandement à al-Manṣūr, maître de Homs, qui se porta à leur rencontre, leur livra un violent combat et les mit en déroute le 1er muḥarram 644 / 19 mai 1246. Le maître de Baalbek et celui de Ṣarḫad étaient aux côtés des

1. Le ms. B (217 v°) ajoute ici : « Un *minbār* fut dressé sur lequel monta Ibn al-Ǧawzī, envoyé du calife ».

2. ʿIzz al-Dīn Aybak al-Muʿaẓẓamī. Cf. *supra*, p. 42 et n. 3.

3. Sur le dirham *nāṣirī* cf. *supra*, p. 63 et n. 1. La *ġirāra* était une mesure de capacité utilisée en Syrie du Sud et en Palestine pour les céréales. Celle de Damas était égale à 208,74 kg. de blé. Cf. *E.I.* 2, « Makāyil » (E. Ashtor), p. 116.

4. Aux sources indiquées par Cahen, « al-Makīn », 122, on peut ajouter Maqrīzī, *Sulūk*, I, 2, 323-327, trad. Broadhurst, 280-284.

5. Ce cours d'eau n'est pas identifié précisément. Dussaud (*Topographie*, carte 6, B 1) mentionne une localité du nom de Qouseib, près du lac de Homs. Cf. aussi Humphreys, 287 et 460 n. 9.

Khwārizmiens. Leur souverain, Ḥusām al-Dīn Berke Ḫān, fut tué sur le champ de bataille ; Kušlū Ḫān et un grand nombre d'autres Khwārizmiens [1] furent faits prisonniers et emmenés à Alep où ils furent incarcérés.

Puis al-Manṣūr, maître de Homs, accompagné des troupes d'Alep, partit assiéger Baalbek ; l'armée du souverain du Caire s'y trouvait déjà. Tous ensemble ils en firent le siège, et s'en emparèrent. La ville fut remise aux lieutenants du souverain du Caire qui y pénétrèrent et en prirent possession avec sa citadelle et son territoire. Ils arrêtèrent les fils d'al-Ṣāliḥ Ismāʿīl, maître de Baalbek, et les envoyèrent sous bonne garde au Caire, où ils furent enfermés dans la Citadelle de la Montagne. ʿIzz al-Dīn, maître de Ṣarḫad, s'enfuit vers sa forteresse. Quant au maître de Baalbek, / **157** / n'ayant aucun lieu où se réfugier, il se rendit à Alep auprès d'al-Nāṣir, maître de la ville, auquel il demanda asile ; celui-ci le lui accorda et al-Ṣāliḥ Ismāʿīl resta à son service jusqu'à ce qu'il fût fait prisonnier lors de la bataille d'al-Kurāʿ, ainsi que nous le raconterons en son temps, s'il plaît à Dieu [2].

Il dit : les Khwārizmiens qui s'étaient échappés allèrent ravager et détruire le territoire de Jérusalem La Vénérée et le littoral. Puis al-Nāṣir Dā'ūd, maître d'al-Karak, se mit en rapport avec eux, et réussit à se concilier la plupart d'entre eux ; il leur accorda bienfaits et faveurs, prit une Khwārizmienne pour femme, et se mêla à eux. Leur venue ayant accru sa puissance, il convoita de (nouveaux) territoires. Il quitta al-Karak et alla camper dans la région d'al-Balqā'.

Quand al-Malik al-Ṣāliḥ, souverain du Caire, apprit cela, il en fut fort contrarié. Il équipa une importante armée qu'il plaça sous le commandement de l'émir Faḫr al-Dīn Ibn al-Šayḫ ; il l'envoya combattre les Khwārizmiens et les repousser hors du pays. Ibn al-Šayḫ marcha contre eux avec ses troupes et les refoula. Tous les Khwārizmiens se regroupèrent autour d'al-Nāṣir Dā'ūd, maître d'al-Karak, qui se trouvait alors à Ḥisbān dans la région d'al-Balqā'. Faḫr al-Dīn Ibn al-Šayḫ se porta (à nouveau) contre eux, affronta al-Nāṣir, lui livra combat et le mit en déroute. Celui-ci s'enfuit vers sa citadelle d'al-Karak et, avec lui, les notables khwārizmiens. Ibn al-Šayḫ et l'armée égyptienne s'emparèrent de la région d'al-Balqā' dont les récoltes étaient abondantes. Faḫr al-Dīn (Ibn al-Šayḫ) les répartit entre ses hommes, puis partit avec ses troupes pour al-Karak dont il fit le siège. Al-Nāṣir Dā'ūd lui envoya un messager pour implorer sa clémence et l'assurer de sa soumission ; il fut convenu qu'il livrerait les Khwārizmiens qui se trouvaient avec lui, ce qu'il fit, et Faḫr al-Dīn

1. Sur ces chefs khwārizmiens cf. *supra*, p. 64-65 et n. 4.
2. Cf. *infra*, p. 92 et 95.

Ibn al-Šayḫ se retira. Celui-ci traita les Khwārizmiens avec générosité, leur donna des robes d'honneur, les rassura, et se les attacha comme compagnons. Puis il marcha contre la citadelle de Buṣrā qu'il encercla et assiégea durement ; il était sur le point de la prendre lorsqu'il tomba malade. Son état empira et il fut transporté en Egypte sur une litière. L'armée poursuivit le siège, conquit la place, et les lieutenants du souverain du Caire en prirent possession.

L'historien dit : cette année-là, al-Malik al-Manṣūr, maître de Homs, mourut dans son jardin à l'extérieur de Damas, le 10 ṣafar 644 / 27 juin 1246. En effet, al-Ṣāliḥ (Ayyūb), souverain du Caire, lui avait fait demander de venir à son service, car il avait l'intention de lui confier le commandement de son armée et de lui fournir l'équipement nécessaire à la conquête du territoire des Francs et d'autres régions. Mais, alors qu'il était arrivé à Damas et faisait halte dans son jardin, il tomba malade et mourut au bout de quelques jours. C'était un prince résolu, courageux, généreux, bon envers ses *ġulām*, proche d'eux, les aimant beaucoup et les comblant de ses faveurs. Bref, sa conduite était à l'opposé de celle de son père. Son fils, al-Malik al-Ašraf Muẓaffar al-Dīn Mūsā, lui succéda. Le règne d'al-Manṣūr avait duré six ans et sept mois.

Il dit : cette année-là, le sultan al-Malik al-Ṣāliḥ, souverain du Caire, fit tuer son frère al-Malik al-ʿĀdil Sayf al-Dīn Abū Bakr. En effet, celui-ci était son prisonnier dans la tour al-ʿĀfiya de la Citadelle de la Montagne ; al-Malik al-Ṣāliḥ ayant décidé de se rendre à Damas pour enquêter sur sa situation, son territoire, et sur les forteresses syriennes, ne voulut pas quitter Le Caire en y laissant al-ʿĀdil. Il ordonna de l'envoyer dans la citadelle d'al-Šawbak et de l'y incarcérer, mais al-ʿĀdil refusa. Le sultan envoya alors un groupe d'eunuques pour l'étrangler et répandit le bruit qu'il était mort de mort naturelle, mais, plus tard, l'affaire fut révélée. Il ordonna de faire sortir le fils d'al-ʿĀdil, al-Muġīṯ ʿUmar [1], pour l'envoyer dans la forteresse d'al-Šawbak où il fut emprisonné.

Il dit : cette année-là, al-Ṣāliḥ, souverain du Caire, révoqua Ḥusām al-Dīn b. Abī ʿAlī du gouvernement de Damas, qu'il confia à Muǧāhid al-Dīn Ibrāhīm b. Ūnbā *al-ǧandār* [2]. Cette même année, il envoya al-Ṣāḥib Ǧamāl al-Dīn Yaḥyā b. Matrūḥ [3] à Damas avec les fonctions

1. Futur prince d'al-Karak de 648 à 661/1250-1263. Cf. Ibn Ḫallikān, V, 86-87. Humphreys, index.

2. Dans le ms. Laleli ces deux derniers mots ne sont pas ponctués. Nous les avons lus Ūnbā *al-ǧandār* comme dans Yūnīnī, *Ḏayl*, I, 14-15, où ce personnage est mentionné sous le nom d'Ibrāhīm b. Ūnbā b. ʿAbd Allāh al-Ṣawābī (m. 654/1256).

3. L'un des principaux émirs d'al-Ṣāliḥ Ayyūb ; il mourut en 649/1251 au Caire. Cf. Ibn Ḫallikān, VI, 258-266 ; Humphreys, 251, 290-291.

de vizir et d'émir, lui accorda une concession (*ḫubz*) de soixante-dix cavaliers en Syrie, et ordonna qu'il fût associé à Šihāb al-Dīn Rašīd al-Kabīr pour l'administration de la principauté syrienne.

/ **158** / Cette année-là, al-Malik al-Ṣāliḥ, souverain du Caire, se rendit à Damas, y pénétra et l'inspecta ; il y mit bon ordre, confirma Šihāb al-Dīn Rašīd et Ibn Maṭrūḥ dans leurs fonctions, leur remit des robes d'honneur et leur accorda des faveurs. Puis, il alla à Baalbek, à Ṣarḫad et à ʿAǧlūn pour inspecter les forteresses et les réorganiser. Il ne campa qu'une nuit sous Ṣarḫad, et envoya un message à ʿIzz al-Dīn Aybak, maître de cette place, pour le rassurer et lui faire de belles promesses. Aussi celui-ci vint se mettre à son service et remit la citadelle de Ṣarḫad aux lieutenants du souverain du Caire. Al-Ṣāliḥ le reçut avec honneur et générosité. Il retourna au Caire avec ʿIzz al-Dīn à son service. Peu de jours après, celui-ci mourut. C'était un émir résolu, énergique, courageux, généreux et juste envers ses sujets, qui veilla fidèlement sur la maison de son maître ; nous avons raconté ses faits et gestes précédemment [1].

Année 645 / 8 mai 1247-25 avril 1248 [2]

En 645, al-Ṣāliḥ, souverain du Caire, équipa une importante armée qu'il plaça sous le commandement de Faḫr al-Dīn Ibn al-Šayḫ et envoya vers les territoires francs. Ils assiégèrent Ascalon, s'en emparèrent, et la détruisirent ; puis ils gagnèrent Tibériade, où ils firent de même. Puis le sultan, souverain du Caire, écrivit à Faḫr al-Dīn de se rendre à Damas avec ses troupes et d'y rester en raison des informations qu'il avait reçues au sujet d'al-Nāṣir, souverain d'Alep. Faḫr al-Dīn se dirigea donc vers Damas, y entra et s'installa dans la Maison d'Usāma (Dār Usāma [3]). Šihāb al-Dīn Rašīd et Ibn Maṭrūḥ venaient souvent le trouver pour lui soumettre les affaires de l'armée et de l'administration de la principauté. Un détachement de l'armée d'Alep arriva à Damas, Faḫr al-Dīn le reçut avec générosité et lui offrit des sommes d'argent et des robes d'honneurs. Puis Ṣārim

1. Cf. *supra*, p. 42, n. 3 et index.
2. Aux sources indiquées par Cahen, « al-Makīn », 122, on peut ajouter Maqrīzī, *Sulūk*, I, 2, 328-329, trad. Broadhurst, 284-285.
3. Cette maison tirait son nom de ʿIzz al-Dīn Usāma, ancien émir d'al-Afḍal à Damas, puis d'al-ʿĀdil I au Caire (cf. *supra*, p. 19, n. 4 et Ibn Kaṯīr, XIII, 63, année 609). Elle fut ensuite la résidence d'al-Nāṣir Dā'ūd b. al-Muʿaẓẓam (*Mufarriǧ*, V, 172). Elle fut plus tard transformée en madrasa shafiite par l'envoyé du calife Naǧm al-Dīn al-Bāḏarā'ī (*Mufarriǧ*, 1703, 101 r°, 124 v° ; Sibṭ, 773 ; Pouzet, *Damas*, 154).

al-Dīn Uzbak al-Wazīrī [1], l'un des émirs d'Alep, arriva à Damas et les lieutenants de la ville lui remirent pour lui-même mille dinars égyptiens sans compter ce qu'ils donnèrent à ses compagnons et à ses mamelouks. Lorsque le sultan apprit cela, il manifesta sa vive désapprobation.

Année 646 / 26 avril 1248-15 avril 1249 [2]

En 646, le souverain du Caire se rendit à Damas, y entra et démit Šihāb al-Dīn Rašīd al-Kabīr et Ǧamāl al-Dīn b. Maṭrūḥ de leur fonction de lieutenants du sultanat (*nuwwāb al-salṭana*) à Damas, et la confia à Ǧamāl al-Dīn Mūsā b. Yaġmūr [3].

Cette année-là, le sultan envoya une importante armée, qu'il plaça sous les ordres de Faḫr al-Dīn Ibn al-Šayḫ, pour attaquer Homs, qui était alors entre les mains d'al-Nāṣir, souverain d'Alep. Ils campèrent devant la ville et en firent un siège très dur ; ils étaient sur le point de la prendre quand arriva le cheikh Naǧm al-Dīn al-Bāḏarā'ī [4], envoyé de Bagdad, qui s'interposa. Une paix fut conclue et l'armée égyptienne retourna à Damas, où elle resta jusquà la fin de l'année 646.

Année 647 / 16 avril 1249-4 avril 1250 [5]

Le premier muḥarram 647 / 16 avril 1249, al-Ṣāliḥ, souverain du Caire, rentra en Egypte avec son armée. Ayant appris que le roi de France [6] était arrivé avec ses troupes à Damiette, il se rendit à la tête

1. Al-Makīn est la seule source à citer ici cet émir. Seule sa mort est mentionnée en 647/1249 dans les combats contre les Francs en Egypte par al-Maqrīzī (*Sulūk*, I, 2, 335, trad. Broadhurst, 290), comme par al-Makīn (cf. *infra*, p. 84).

2. Aux sources indiquées par Cahen, « al-Makīn », 122, on peut ajouter Maqrīzī, *Sulūk*, I, 2, 330-333, trad. Broadhurst, 285-287.

3. Emir turcoman originaire de la tribu des Yārūqīya de Syrie du Nord. Cf. Humphreys, index.

4. Sur Naǧm al-Dīn 'Abd Allāh b. Muḥammad al-Bāḏarā'ī (m. 655/1257), envoyé du calife et importante personnalité de Bagdad, cf. Pouzet, *Damas*, 154.

5. Aux sources indiquées par Cahen, « al-Makīn », 122, on peut ajouter Maqrīzī, *Sulūk*, I, 2, 333-355, trad. Broadhurst, 287-308 ; Ibn al-Furāt, éd. Lyons, 14-25, 26-28 (mort de Faḫr al-Dīn), 29-31 (avènement de Tūrānšāh), trad. 12-26.

6. *Rayd Ifrans* : simple translittération arabe des mots français. Cf. p. 160 et 161 de l'éd. arabe où l'auteur ajoute *Malik al-Farang̃* ou *Malik al-Farang̃īya* (roi des Francs), ce qui laisse à penser que les mots *Rayd Ifrans* étaient entendus par les Arabes comme un nom propre. Sur la Septième Croisade, menée par Louis IX, cf. J. R. Strayer, « The Crusades of Louis IX », dans Setton, II, 487-518 ; Prawer, II, 319-357 ; J. Richard, *Saint Louis*, Paris, 1983, 159-232.

de son armée à al-Manṣūra où il prit ses quartiers. Il envoya un contingent à Damiette, qui affronta le roi de France et lui livra combat ; les émirs Naǧm al-Dīn b. Šayḫ al-Islām et Ṣārim al-Dīn Uzbak al-Wazīrī furent tués. Les émirs Kinānīya [1], dont le nombre dépassait la cinquantaine, sortirent de Damiette sans en avoir reçu l'ordre, et (plus tard) ils furent pendus [2].

Cette année-là, le souverain du Caire prit possession de la citadelle d'al-Karak et de son territoire. En effet, le maître de cette place, al-Nāṣir Dā'ūd, en était parti pour se rendre à Bagdad et y avait laissé ses fils. Ceux-ci se mirent d'accord pour livrer la citadelle au souverain du Caire, auquel ils écrivirent en précisant leurs conditions. Le souverain accepta, et al-Karak lui fut remise. Il y envoya l'eunuque (*ṭawāšī*) Badr (al-Dīn) al-Ṣawābī [3] et le nomma lieutenant du sultanat à la fois pour al-Karak et pour al-Šawbak. **/ 159 /** Lorsqu'al-Nāṣir Dā'ūd revint de Bagdad, il apprit que ses fils avaient livré la citadelle d'al-Karak au souverain du Caire. Il se rendit alors à Alep et demeura auprès du souverain de cette ville, al-Nāṣir Ṣalāḥ al-Dīn Yūsuf, jusqu'au jour où celui-ci s'empara de Damas [4]. Al-Nāṣir Dā'ūd l'accompagnait alors, mais al-Nāṣir Yūsūf, ayant appris sur son compte des choses fâcheuses, l'expulsa à al-Buwayḍā dans les environs de Damas et le plaça sous surveillance. C'est dans cette situation qu'al-Nāṣir Dā'ūd mourut, de mort naturelle [5].

Il dit : cette année-là, al-Malik al-Ṣāliḥ Naǧm al-Dīn Ayyūb, souverain d'Egypte et de Syrie, mourut la nuit du lundi au milieu du mois de šaʿbān / 23 novembre 1249, à al-Manṣūra, où il fut enterré. La chose fut tenue secrète pendant plusieurs jours. Il avait régné sur l'Egypte dix ans moins cinquante jours, c'est-à-dire qu'il mourut sept

1. La tribu arabe des Kinānīya jouait un rôle important dans l'armée ayyoubide d'Egypte. Cf. Cahen, « Testament », 106 et n. 9.

2. Dans le ms. B (209 r°) après « sans en avoir reçu l'ordre », il est écrit : « ils abandonnèrent la ville et nul n'y resta. Le roi de France s'en empara le dimanche 23 ṣafar 647 / 7 juin 1249, correspondant au 12 bawna (et non tūba (*sic*) comme dans l'édition, p. 158, n. b). Cette même année, le sultan al-Malik al-Ṣāliḥ fit pendre les émirs Kinānīya qui se trouvaient à Damiette et l'avaient quitté sans son ordre ; il le fit après avoir demandé une *fatwa* à ce sujet. »

3. En 648/1250, à la faveur de la révolution mamelouke au Caire, cet émir se rendit indépendant en Transjordanie et proclama al-Muġīṯ ʿUmar b. al-ʿĀdil II, prince d'al-Karak. Cf. Humphreys, 305 et *infra*, p. 89.

4. En 648/1250. Cf. *infra*, p. 90.

5. Il mourut en 656 / 1258 de la peste, à Damas, après bien des aventures. Cf. Humphreys, 467 n. 47. Sur al-Buwayḍā ou al-Buwayḍā', village de la Ġūṭa de Damas, cf. Ibn Ḫallikān, III, 496, trad. II, 430 ; Ibn al-ʿAdīm, *Buġya*, VII, 3455.

mois et demi après la fin de l'année 646 de l'hégire, correspondant à l'an solaire du monde 6741 et trois mois [1].

Sa biographie : c'était un souverain respecté, résolu et courageux, impétueux et redouté, aux desseins élevés. Le pays, sous son règne, était sûr et tranquille, et les chemins fréquentés. Mais il était très orgueilleux et l'on raconte à ce propos que, lorsque son fils al-Muġīṯ ʿUmar était emprisonné à Damas par son oncle al-Malik al-Ṣāliḥ Ismāʿīl, il ne lui adressa pas la moindre demande en faveur (du jeune prince) qui mourut captif. Il fit construire la citadelle de l'île face à Miṣr [2] et y consacra de grosses sommes. Il fit détruire l'église chrétienne jacobite qui jouxtait le Nilomètre (*miqyās*), et l'incorpora à un côté de cette citadelle [3]. Il aimait amasser de l'argent et extorqua à la femme de son père, qui était la mère de son frère al-Malik al-ʿĀdil [4], de l'argent et des bijoux. Il fit tuer son frère al-ʿĀdil, un certain nombre d'Ašrafīya et d'autres encore ; certains d'entre eux furent noyés dans le Nil. Il incarcéra plusieurs émirs égyptiens [5], et prit leur argent et leurs trésors. Quand il mourut, plus de cinq mille personnes étaient en prison et nul n'avait osé intercéder auprès de lui (en leur faveur).

Après sa mort, les émirs et notables de l'Etat se réunirent et prêtèrent serment à son fils al-Muʿaẓẓam Tūrānšāh, qui se trouvait alors à Ḥiṣn Kayfā ; ils prêtèrent également serment à Faḫr al-Dīn Ibn al-Šayḫ pour le cas où al-Muʿaẓẓam serait dans l'impossibilité de venir

1. Nous avons corrigé l'année 6641, donnée dans le ms. Laleli et dans l'édition arabe, en 6741 d'après le ms. B (209 r°). La fin de l'année 6741 correspond, en effet, au 28 août 1249.

2. Sur la construction de la citadelle dans l'île d'al-Rawḍa par Naǧm al-Dīn Ayyūb, cf. D. Ayalon, « Le régime Bahriya dans l'armée mamelouke », *Revue des Etudes Islamiques*, 19, 1951, 133-141, qui consacre une longue note à cette citadelle édifiée sur une île du Nil (*Baḥr*) dont le régiment des mamelouks Baḥrīya tira son nom (cf. *supra*, p. 39, n. 3). La construction commencée en šaʿbān 638 / 1241 dura trois ans.

3. La construction de cette citadelle nécessita en effet la destruction de nombreux édifices, entre autres trente-trois oratoires (*masāǧid*) et une église appartenant aux jacobites. Cf. Maqrīzī, *Ḫiṭaṭ*, II, 183. L'église des jacobites, qui jouxtait le Nilomètre de l'île d'al-Rawḍa, est citée à plusieurs reprises dans *Hist. Patr.*, notamment II, 3, éd. 210, trad. 327, qui précise son nom (Michel) et son emplacement (al-Muḫtāra) ; IV, 2, éd. 77, trad. 158, qui mentionne sa restauration en 1236-7 ; éd. 107-108, trad. 222-223, qui avoue ne pas savoir ce qu'est devenue cette église à la suite de la construction de la citadelle.

4. Sur al-Sitt al-Sawdāʾ bint Naṣr, mère d'al-ʿĀdil II, cf. Gottschalk, 204 et n. 1. Le ms. Laleli mentionne « la femme de son père, fille d'al-Malik al-ʿĀdil », ce qui est impossible. Le ms. B (209 v°) mentionne « la femme de son père, mère de sa sœur al-Malik al-ʿĀdil ». Il convient de lire en modifiant les points diacritiques du ms. B : « la femme de son père, mère de son frère al-Malik al-ʿĀdil ».

5. Le ms. B (209 v°) ajoute : « qui s'étaient entendus pour destituer son frère ».

au Caire. Puis ils firent prêter serment à toute l'armée et aux notables d'Egypte et de Syrie. Faḫr al-Dīn Ibn al-Šayḫ assura l'administration du royaume et concéda lui-même les *iqṭā'* par diplômes (*manāšīr*).

Après la mort d'al-Ṣāliḥ, le roi de France sortit de Damiette, et vint camper avec ses troupes et ses gens dans l'île [1] face à al-Manṣūra.

Cette année-là, l'émir Fāris al-Dīn Aqṭāy, maître de la garde-robe (*ǧamdār*) [2], et ses compagnons se rendirent à Hiṣn Kayfā pour inviter al-Mu'aẓẓam Tūrānšāh b. al-Ṣāliḥ à venir en Egypte.

Cette année-là, Faḫr al-Dīn Ibn al-Šayḫ — que Dieu lui soit miséricordieux — mourut en *ġāzī* [3] et combattant du djihad dans la voie de Dieu, le mardi 5 ḏū l-qa'da 647 / 9 février 1250. En effet, les Francs dont nous avons parlé avaient atteint le canal d'al-Manṣūra et campaient sur son rivage ; ils étaient au nombre de mille quatre cents cavaliers, sous le commandement du frère du roi de France [4]. Faḫr al-Dīn Ibn al-Šayḫ enfourcha son cheval et à sa suite l'armée égyptienne ; ils affrontèrent les Francs en un rude combat, et Faḫr al-Dīn trouva la mort dans la mêlée. Il avait administré le royaume d'Egypte soixante-quinze jours. Les Francs avancèrent jusqu'à al-Manṣūra, mais ils se répandirent dans les souks et entre les maisons, et tous furent tués.

Il dit : cette année-là, al-Mu'aẓẓam Tūrānšāh b. al-Malik al-Ṣāliḥ venant de Hiṣn Kayfā arriva à Damas le dernier samedi de ramaḍān (25 ramaḍān / 1er janvier 1250) ; il prit possession de la ville, de ses biens et de ses richesses. Il y célébra la fête de la rupture du jeûne, distribua des robes d'honneur **/ 160 /** et des cadeaux aux émirs syriens et confirma l'émir Ǧamāl al-Dīn Mūsā b. Yaġmūr comme lieutenant du sultanat (*nā'ib al-salṭana*) à Damas. Il libéra tous ceux que son père avait emprisonnés et resta à Damas les dix premiers jours de šawwāl / 7-17 janvier 1250 ; il partit alors pour l'Egypte, où il arriva le 25 šawwāl / 31 janvier 1250 [5]. Le premier ḏū l-qa'da / 5 février 1250, il envoya son secrétaire Mu'īn al-Dīn Hibat Allāh b. Abī al-Zuhr b.

1. C'est-à-dire que les Francs campaient dans une sorte de presqu'île, en face d'al-Manṣūra, dont ils sont séparés par le Baḥr al-Ṣaġīr ou canal d'Ušmūm (cf. carte dans Prawer, II, 331).

2. Sur cette fonction, cf. *E.I.* 2, « Djamdār » (D. Ayalon). Sur Fāris al-Dīn Aqṭāy, chef des mamelouks Bahrites, assassiné en 652/1254, cf. Irwin, 20, 21, 23, 27-28.

3. Sur les *ġāzī*, combattants de l'islam, cf. *E.I. 2*, « Ghāzī » (I. Mélikoff).

4. Le canal d'al-Manṣūra désigne ici le Baḥr al-Ṣaġīr qu'un corps de Francs, commandé entre autres par Robert d'Artois, frère de Louis IX, réussit à franchir.

5. Cette date ne correspond pas avec celle qui est donnée quelques lignes plus bas. c'est sans doute le mois de ḏū l-qa'da (février) qu'il faut retenir à la lecture d'al-Maqrīzī (*Sulūk*, I, 2, 352-353, trad. Broadhurst, 305-306) qui dit qu'il quitta Damas le 27 šawwāl/2 février, arriva à al-Ṣāliḥīya à la frontière égyptienne le 17 ḏū l-qa'da/ 21 février, et s'installa à al-Manṣūra le 22 ḏū l qa'da/26 février.

Ḥašīš à la forteresse d'al-Karak pour veiller sur son trésor et vérifier l'argent et les objets précieux qu'il contenait. Cet homme était alors chrétien ; le sultan le rejoignit dans le désert (*al-raml*), et, lui promettant le vizirat, lui fit abandonner sa religion [1].

Neuvième souverain ayyoubide du Caire

Al-Malik al-Muʿaẓẓam Tūrānšāh b. al-Malik al-Ṣāliḥ Naǧm al-Dīn Ayyūb b. al-Malik al-Kāmil

Il prit possession de l'Egypte le jour de son arrivée, le 19 ḏū l-qaʿda 647 / 23 février 1250. Le roi de France, ses troupes et ses gens étaient dans l'île face à al-Manṣūra ; al-Muʿaẓẓam s'installa dans cette localité, prit en mains le gouvernement et consolida son pouvoir.

Année 648 / 5 avril 1250-25 mars 1251 [2]

Le premier mercredi de muḥarram 648 / 5 avril 1250, le roi de France et toute son armée se retirèrent vers Damiette. Les troupes musulmanes les poursuivirent jusqu'à Fāriskūr, leur livrèrent un violent combat, et firent prisonniers le roi et son frère [3]. Ils se rendirent maîtres des troupes franques, tuèrent ce jour-là plus de vingt mille cavaliers et ramassèrent un butin incalculable en argent, objets précieux, argenterie, chevaux et mulets. Ils firent prisonniers près de

1. Ce secrétaire est mentionné dans la biographie consacrée à son neveu, ʿAlam al-Dīn, dans l'ouvrage d'Ibn al-Ṣuqāʿī (n° 262). Après l'assassinat d'al-Muʿāẓẓam, il revint vivre à Damas jusqu'à sa mort en 657/1258.

2. Aux sources indiquées par Cahen, « al-Makīn », 123, on peut ajouter Maqrīzī, *Sulūk*, I, 2, 355-381, trad. Quatremère, I, 1, 1-32, dont le récit sur la croisade de Louis IX et sur le patriarche Athanase est plus développé, mais assez proche de celui d'al-Makīn ; pour le patriarcat d'Athanase, cf. *Hist. Patr.*, III, 3, éd. 313, trad. 228. Ajouter aussi Ibn al-Furāt, éd. Lyons, 34-38 (victoire d'al-Manṣūra), 39-41 (meurtre de Tūrānšāh), 42-45 (paix avec les Francs), trad. 28-37. Sur l'avènement d'al-Muʿizz et sur la bataille entre Syriens et Egyptiens, cf. Baybars al-Manṣūrī, *Tuḥfa*, 27-31 et Ibn al-Dawādārī, VIII, 12-18.

3. Des trois frères de Louis IX qui l'accompagnaient à la croisade, Robert d'Artois avait été tué le 8 février 1250 lorsqu'il entra dans al-Manṣūra (cf. *supra*, p. 86), tandis qu'Alphonse de Poitiers et Charles d'Anjou furent faits prisonniers en même temps que le roi à Fāriskūr lors de la retraite sur Damiette. Fāriskūr est situé sur la rive droite du bras de Damiette, à quelques kilomètres au sud de Damiette. Cf. Maspero-Wiet, 134 ; Halm, II, 716 et carte 47 ; Guest, carte.

cent mille hommes, cavaliers et fantassins, artisans et marchands. Le roi de France [1] et son frère furent enfermés à al-Manṣūra dans la maison de Faḫr al-Dīn b. Luqmān [2] ; une pension leur fut allouée qu'on leur portait chaque jour. Al-Muʿaẓẓam, souverain du Caire, ordonna à Sayf al-Dīn Yūsuf al-Ṭūrī, l'un de ceux qui étaient venus avec lui d'Orient, de prendre en charge l'exécution des prisonniers francs. Chaque nuit il en faisait sortir trois cents, les tuait puis les jetait dans le Nil ; et ainsi jusqu'à ce qu'ils fussent tous anéantis.

Puis al-Muʿaẓẓam se mit à écarter les *ġulām* et les proches de son père et s'entoura des *ġulām* qui étaient venus avec lui d'Orient. Il nomma l'eunuque (*ḫādim*) Masrūr intendant du palais (*ustāḏ al-dār*), et Ṣabīḥ émir *ǧāndār* [3] ; celui-ci était un esclave abyssin remarquable. Al-Muʿaẓẓam fit fabriquer pour lui un bâton (*ʿaṣāt*) en or, et le couvrit de biens et de faveurs. Il destitua, maltraita et menaça les *ġulām* de son père ainsi qu'un certain nombre de ses mamelouks. Plusieurs d'entre eux se réunirent et se mirent d'accord pour tuer al-Muʿaẓẓam. Le lundi 26 muḥarram de l'année en cours / 30 avril 1250, alors que celui-ci présidait le banquet, les émirs étaient venus comme à l'ordinaire se mettre à son service. Après le repas ils se dispersèrent, et il ne resta personne sur place. Un mamelouk de son père [4] s'approcha, et le frappa de son épée ; mais lui para le coup de la main, et son assaillant prit la fuite. Al-Muʿaẓẓam dit l'avoir reconnu et proféra des menaces contre lui. Le mamelouk prit peur et se réunit avec ceux qui avaient comploté cet assassinat ; puis ils pénétrèrent chez le sultan, épées au poing. Celui-ci se sauva dans la tour de bois qui s'élevait à proximité de sa tente, et en verrouilla la porte. Les mamelouks y mirent le feu et l'incendièrent. Il s'échappa alors de la tour et courut vers le Nil, mais ils le rattrapèrent et le frappèrent de leur épée ; il se jeta dans le fleuve, ils l'y poursuivirent et l'achevèrent. Ainsi est-il mort, assassiné, brûlé et noyé, le lundi 26 muḥarram 648. Ses compagnons et ses *ġulām* qui étaient arrivés (d'Orient) avec lui s'enfuirent, se dispersèrent et se cachèrent. Il avait régné quatre-vingt-onze jours et il fut le dernier des princes ayyoubides du Caire.

1. Littéralement : *Rayd Ifrans malik al-Farang̃*, cf. *supra*, p. 83, n. 6.

2. Sur Faḫr al-Dīn Ibrāhīm Ibn Luqmān (m. 693/1293) qui fit carrière dans l'administration ayyoubide sous le règne d'al-Kāmil et d'al-Ṣāliḥ Ayyūb, puis à l'époque mamelouke, cf. Ibn al-Ṣuqāʿī, n° 9.

3. L'eunuque Ṣabīḥ al-Muʿaẓẓamī avait été chargé par al-Muʿaẓẓam de surveiller le roi de France prisonnier (cf. *Mufarriǧ*, 1703, 369 r° ; Maqrīzī, *Sulūk*, I, 2, 356, trad. Broadhurst, 309). Sur les fonctions d'*ustāḏ al-dār* et de *ǧāndār*, cf. *supra*, p. 35, n. 3, 39, n. 2.

4. Sur l'identité du meurtrier d'al-Muʿaẓẓam, voir les différentes hypothèses dans Thorau, 38-39.

Après ces événements, les émirs s'entendirent pour faire régner **/ 161 /** la mère de Ḫalīl, concubine d'al-Malik al-Ṣāliḥ, dont le nom était Šaǧar al-Durr [1]. Ils lui prêtèrent serment et firent prêter serment à toute l'armée d'Egypte et de Syrie ; ils désignèrent comme atabeg des armées l'émir ʿIzz al-Dīn Aybak le Turcoman.

Ensuite un accord fut conclu entre les émirs égyptiens et le roi de France [2] selon lequel il leur remettrait Damiette ainsi qu'une somme d'argent déterminée ; en échange, il serait libéré et retournerait dans son pays. Les serments furent échangés. Damiette fut remise aux Egyptiens le jeudi 3 ṣafar 648 / 7 mai 1250 ; le roi, son frère, sa femme [3] ainsi que ses compagnons francs survivants furent libérés et regagnèrent leur pays. Ils avaient tenu Damiette pendant onze mois et neuf jours.

Cette année-là, le 29 rabīʿ II / 31 juillet 1250, l'émir ʿIzz al-Dīn Aybak le Turcoman épousa la souveraine Šaǧar al-Durr, concubine de son maître al-Malik al-Ṣāliḥ. Elle renonça elle-même au pouvoir et le lui remit. Son règne avait duré trois mois [4].

L'historien dit : L'eunuque (*ṭawāšī*) Badr (al-Dīn) al-Ṣawābī [5], lieutenant du sultanat à al-Karak et à al-Šawbak, apprit tous ces événements et projeta de prendre ces régions et d'y régner en maître. Puis, pensant qu'il n'y parviendrait pas, il partit à cheval pour al-Šawbak, où il informa al-Malik al-Muġīṯ ʿUmar b. al-Malik al-ʿĀdil de ce qui se passait. Il le fit sortir de prison, lui remit le pouvoir sur al-Karak, al-Šawbak et leurs territoires, lui prêta serment et fit prêter serment à toutes les troupes, aux gouverneurs, aux lieutenants et aux notables du pays. Comme c'était encore un enfant, le gouvernement tout entier revint à Badr, et al-Muġīṯ ne conserva rien d'autre que son titre.

1. Ce nom signifie « l'arbre aux perles ». Les sources arabes donnent soit cette forme, soit la forme Šaǧarat al-Durr. Cf. Schregle, 37-38.
2. Littéralement *Rayd Ifrans malik al-Faranǧīya*, cf. p. 83 n. 6.
3. Sur les frères de Louis IX faits prisonniers en même temps que lui, cf. *supra*, p. 87, n. 3. Quant à la reine Marguerite, la femme de Louis IX, elle était restée à Damiette pendant tout le déroulement des combats.
4. Sur le court règne de Šaǧar al-Durr et son mariage avec al-Muʿizz Aybak, cf. Schregle, 59-83.
5. Cf. *supra*, p. 84 et n. 3.

Début de la dynastie des Turcs. Leur prise de pouvoir en Egypte. Leur premier souverain : ʿIzz al-Dīn Aybak al-Ṣāliḥī le Turcoman

Aybak prit le pouvoir en Egypte le samedi 29 rabīʿ II 648 / 31 juillet 1250 [1]. On lui associa al-Malik al-Ašraf b. Ṣalāḥ al-Dīn b. al-Malik al-Masʿūd b. al-Malik al-Kāmil, alors âgé de six ans. Les diplômes (*manāšīr*) et les rescrits (*marāsīm*) étaient rédigés au nom des deux souverains, mais c'est al-Muʿizz (Aybak) qui tenait le gouvernement et l'administration du royaume, et il ne restait à l'enfant que son titre. Quelque temps après, al-Muʿizz le fit enfermer et s'affirma seul souverain.

Il dit : cette année-là, al-Malik al-Nāṣir Ṣalāḥ al-Dīn Yūsuf b. al-Malik al-ʿAzīz, souverain d'Alep, marcha sur Damas à la tête de son armée ; il y arriva le dimanche 8 rabīʿ II / 10 juillet 1250 et en prit possession grâce aux émirs Qaymarīya [2]. En effet, l'émir Ǧamāl al-Dīn Mūsā b. Yāġmūr, lieutenant du sultanat (*nāʾib al-salṭana*) à Damas, s'était entendu avec les émirs mamelouks Ṣāliḥīya [3] et leur accord était total. Les Qaymarīya prirent peur et écrivirent à al-Nāṣir, souverain d'Alep, de venir prendre Damas à condition qu'il leur augmentât leurs concessions (*aḫbāz*). Al-Nāṣir se mit en route et arriva de bonne heure ce dimanche-là. L'émir Ḍiyāʾ al-Dīn al-Qaymarī [4] leur ouvrit la Petite Porte (Bāb al-Ṣaġīr) [5] qui lui avait été confiée, et sa décision avait l'accord de ses compagnons. Ce jour-là, les troupes alépines pénétrèrent donc sans combat dans Damas et en prirent possession. Al-Nāṣir campa dans la tente qui avait été dressée pour lui dans l'Hippodrome Vert (al-Maydān al-Aḫḍar) [6]. Il y resta quelques jours attendant, pour entrer dans la citadelle, la date choisie par les astrologues. Il en prit possession et mit la main sur ses trésors **/ 162 /** et ses richesses. Il emprisonna Ǧamāl al-Dīn b. Yaġmūr, puis le libéra et le traita avec générosité ; il fit arrêter un certain nombre d'émirs mamelouks

1. Sur la fin des Ayyoubides d'Egypte et les débuts de la dynastie mamelouke, cf. Humphreys, 301-307 ; Thorau, 43-50 ; Irwin, 18-23 ; M. Ziada, « The Mamluk Sultans to 1293 », dans Setton, II, 735-758.

2. Les Kurdes Qaymarīya étaient arrivés nombreux en Syrie en 642/1244. Leur importance s'accrut sous le règne d'al-Nāṣir Yūsuf. Cf. Humphreys, 275, 305-306, 313, 463 n. 40.

3. Sur le nom des contingents mamelouks, cf. *supra*, p. 39, n. 3.

4. Ḍiyāʾ al-Dīn, l'un des chefs de file des Qaymarīya avec Nāṣir al-Dīn, mourut cette même année 648/1250, lors de l'expédition contre l'Egypte. Cf. *infra*, p. 92

5. Porte située au sud de la ville.

6. A l'ouest de la ville. Cf. *E.I.* 2, « Dimashḳ » (N. Elisséeff).

Ṣāliḥīya qu'il envoya dans différentes forteresses où ils furent incarcérés ; il donna leurs concessions (*aḫbāz*) aux émirs Qaymarīya, en plus de celles qu'ils possédaient déjà, suivant l'accord conclu entre eux ; il leur distribua aussi des robes d'honneur et de l'argent.

Les chroniques chrétiennes rapportent que, cette année-là, le patriarche Athanase, fils du prêtre Abū l-Makārim b. Kalīl, fut nommé patriarche des jacobites d'Egypte [1]. L'accord se fit sur son nom (et) il fut consacré higoumène dans (l'église) al-Muʿallaqa [2] le dimanche 4 rağab 648 / 2 octobre 1250, correspondant au 5 bābah 967 des saints martyrs / 2 octobre 1250, puis il fut consacré patriarche dans la place-frontière (*ṯugr*) d'Alexandrie [3]. Il assuma cette charge onze ans et cinquante-cinq jours, puis mourut le dimanche premier kihak de l'an 978 des martyrs / 27 novembre 1261, correspondant au 3 muḥarram de l'année 660 de l'hégire / 28 novembre 1261 [4]. Il fut enterré au couvent des Nestoriens [5], et le siège patriarcal resta alors vacant trente-cinq jours.

Cette année-là, c'est-à-dire en 648 / 5 avril 1250-25 mars 1251, al-Nāṣir, souverain de Syrie, entreprit de marcher contre l'Egypte, sur le conseil de son atabeg Šams al-Dīn Lu'lu' avec l'accord des émirs Qaymarīya. Il prépara l'expédition et se dirigea avec son armée vers Le Caire. Al-Muʿizz, à la tête des troupes égyptiennes, alla à sa rencontre et le choc se produisit à al-Kurāʿ près d'al-Ḫašabī [6] dans le désert (*al-raml*). Après un violent combat, les Egyptiens furent d'abord vaincus et la plupart s'enfuirent vers al-Qāhira et Miṣr et arrivèrent même jusqu'au Ṣaʿīd [7], à ce qu'on raconte. C'est alors qu'al-Nāṣir fut abandonné par un groupe de ʿAzīzīya [8], mamelouks de son père, qui,

1. Le siège patriarcal était vacant depuis la mort de Cyrille le 17 ramaḍān 640 / 10 mars 1243. Cf. *supra*, p. 50.

2. Sur cette église, cf. *supra*, p. 22 et n. 4.

3. Le ms. B (213 r°) ajoute : « Il avait alors cinquante ans. Sous son patriarcat, les gens furent accablés de dettes ; les capitations (*al-ğawālī*) furent doublées ; prélèvements, taxes (*taṣqīʿ* et *taqwīm*) et dinars furent perçus ; et il y eut beaucoup d'autres innovations ». Sur ces mesures et sur le mot « dinars », cf. *infra*, p. 100 et n. 5.

4. 13 muḥarram dans le ms. Laleli et l'édition, 3 muḥarram dans le ms. B (213 r°). Nous avons retenu cette leçon, qui donne une correspondance moins erronée.

5. Ce monastère dédié à saint Georges était situé dans le quartier al-Ḥabaš, entre al-Qāhira et Miṣr. Durant le patriarcat de Marc III (1166-1189), il passa de la possession des nestoriens à celle des coptes et fut alors dédié à saint Philothée d'Antioche. Cf. Evetts, 134-135.

6. Al-Kurāʿ : village près de l'ancien camp toulounide d'al-ʿAbbāsa au sud-ouest d'al-Ṣāliḥīya. Cf. Maqrīzī, *Sulūk*, I, 374. Al-Ḫašabī, d'après Yāqūt, est situé à trois étapes d'al-Fusṭāṭ, sur la route de Syrie, à l'entrée de la région du Ğifār. Cf. Yāqūt, *Buldān*, II, 373.

7. C'est-à-dire la Haute-Egypte.

8. Sur le nom des contingents mamelouks, cf. *supra*, p. 39, n. 3.

avec leurs corps de troupes (*aṭlāb*) et leurs hommes, passèrent au service d'al-Muʿizz et se soumirent à lui. Parmi eux, Ǧamāl al-Dīn Ayduġdī al-ʿAzīzī, Šams al-Dīn le Turc, Šams al-Dīn Aqūš al-Ḥusāmī [1], et d'autres encore. Ils conseillèrent à al-Muʿizz d'attaquer les étendards d'al-Nāṣir, où ils avaient toutes chances de le battre, de le tuer et de faire périr son armée. Al-Muʿizz, avec un contingent d'environ trois cents cavaliers, se porta contre les étendards d'al-Nāṣir, croyant qu'il s'y trouvait, qu'il mettrait la main sur lui et le tuerait [2].

Mais al-Nāṣir avait abandonné ses étendards et se tenait éloigné de la mêlée par crainte pour sa vie. N'ayant pas pu le vaincre, al-Muʿizz s'en retourna avec les siens. Les princes, les émirs Qaymarīya, et les autres, persuadés de leur victoire, se retrouvèrent et tous pillèrent (l'armée adverse). Leurs hommes se dispersèrent en quête de butin, et ne resta auprès d'eux qu'un petit nombre de mamelouks. Al-Muʿizz et les siens, s'en revenant de (leur attaque) contre les étendards d'al-Nāṣir, se heurtèrent à eux et leur livrèrent combat. C'est ainsi que furent tués Šams al-Dīn Lu'lu', Ḥusām al-Dīn al-Qaymarī, Ḍiyā' al-Dīn al-Qaymarī, Tāǧ al-Mulūk b. al-Muʿaẓẓam Tūrānšāh b. Ṣalāḥ al-Dīn, Sayf al-Dīn maître de la garde-robe (*al-ǧamdār*), Nūr al-Dīn al-Zarzārī, ainsi qu'un certain nombre de grands émirs d'al-Nāṣir. De grands personnages de son Etat furent faits prisonniers, dont al-Muʿaẓẓam Tūrānšāh b. Ṣalāḥ al-Dīn et son frère Nuṣrat al-Dīn [3], al-Ṣāliḥ Ismāʿīl b. al-Malik al-ʿĀdil, al-Ašraf fils du maître de Homs, Šihāb al-Dīn al-Qaymarī, Ḥusām al-Dīn Ṭuruntāy al-ʿAzīzī et d'autres émirs ʿAzīzīya qui étaient ses frères d'armes (*ḫušdāšīya*) [4]. Quand

1. Ǧamāl al-Dīn Ayduġdī, le plus important de ces émirs était commandant des ʿAzīzīya d'Alep. Cf. Yunīnī, *Ḏayl*, II, 350-54 ; *Mufarriǧ*, 1703, 105 r°. Sur les deux autres nous ne savons pas grand-chose de plus sinon qu'ils reçurent comme Ǧamāl al-Dīn d'importants *iqṭāʿ* en Egypte. Cf. *Mufarriǧ*, 1703, 111 r° ; Ibn al-Dawādārī, VIII, 24. Cf. *infra*, p. 93 et n. 3, le récit plus développé du ms. B.

2. Le ms. B (212 r°) précise que cette bataille eut lieu le jeudi 10 ḏū l-qaʿda / 14 février 1250.

3. Naṣr al-Dīn dans le ms. Laleli, Naṣīr al-Dīn dans l'édition arabe, mais il faut retenir la leçon de B (212 v° : Nuṣrat al-Dīn) pour ce fils de Saladin.

4. Al-Muʿaẓẓam Tūrānšāh (m. 658/1260) et Nuṣrat al-Dīn étaient les derniers fils survivants de Saladin. Sous le règne d'al-Nāṣir, Tūrānšāh fut nommé commandant en chef de l'armée alépine (cf. Yūnīnī, *Ḏayl*, I, 426-429). Al-Ṣāliḥ Ismāʿīl était réfugié à Alep depuis 644/1246 (cf. *supra*, p. 80). On peut lire le récit de son exécution au Caire ainsi qu'une brève biographie de lui dans Ḫazraǧī, 187 r° (année 648). Al-Ašraf b. al-Manṣūr avait dû céder Homs à al-Nāṣir d'Alep en 646/1248 et avait reçu, en échange, Tall Bāšir (cf. Humphreys, 294-295). L'émir Qaymarīya Šihāb al-Dīn fut libéré trois ans plus tard en 651/1253, lors d'un accord conclu entre Ayyoubides et Mamelouks (cf. Ḫazraǧī, 190 r° ; Humphreys, 323). Sur les *ḫušdāšīya*, cf. *supra*, p. 42 et n. 2.

al-Nāṣir vit la tournure [1] (des combats), il prit avec lui Nawfal al-Zubaydī et ʿAlī al-Saʿīdī [2] et s'enfuit vers Damas [3].

Les autres émirs d'al-Nāṣir ne savaient rien de tout cela, aussi poursuivirent-ils les troupes du Caire qui s'étaient enfuies **/ 163 /** ; ils atteignirent al-ʿAbbāsa, où ils dressèrent leurs tentes autour de la tente sultanale (*dihlīz*). Ils apprirent ensuite ce qui s'était passé, et furent tous d'avis de repartir en Syrie. Ils retournèrent à Damas avec leurs bagages et tout ce qu'ils avaient pris.

Quant à al-Muʿizz, après avoir vaincu ceux dont nous avons parlé et les avoir tués ou faits prisonniers, il se rendit à al-ʿAbbāsa avec ses troupes pour rattraper (les autres émirs d'al-Nāṣir). Mais quand il vit la tente sultanale (*dihlīz*) d'al-Nāṣir et les tentes des soldats plantées à al-ʿAbbāsa, il renonça (à son projet), et prit le chemin d'al-ʿAlāqima [4] ; il arriva de bon matin à Bilbays le vendredi mentionné ci-dessus [5], mais n'y trouva aucun homme de l'armée égyptienne. Il campa à Bilbays avec les siens ; les émirs qui avaient déserté l'armée d'al-Nāṣir le rejoignirent avec leurs hommes. Bataille à nulle autre pareille, telle qu'aucun historien n'en a relaté de plus étonnante, où chacune des deux armées fut en partie victorieuse, en partie vaincue, et où les vainqueurs de chaque camp pillèrent ceux de l'autre camp qui étaient devant eux vaincus.

Il dit : lorsqu'al-Muʿizz fut certain que l'armée d'al-Nāṣir était retournée en Syrie, il regagna le siège de son pouvoir et monta à la citadelle. Il apprit que l'émir Sayf al-Dīn al-Qaymarī [6] avait conseillé de prononcer le sermon (*ḫuṭba*) du vendredi au nom d'al-Malik al-Nāṣir. Cet émir, qui était alors emprisonné dans la citadelle, avait agi avec l'accord d'un certain nombre de prisonniers car ils avaient

1. L'expression *ʿaynahā* ne peut être comprise ici que par renvoi au terme *al-maʿraka* (la mêlée).

2. Ibn al-Ṣuqāʿī (n° 277) précise « ʿAlī al-Saʿīdī al-Badawī » (le Bédouin). Sur Nāṣir al-Dīn Nawfal (m. 675/1276), chef des Arabes Banū Zubayd, cf. Yūnīnī, *Ḏayl*, III, 230 ; Ibn Šaddād, *Sīra*, 335 ; Wiet, *Manhal*, n° 2597.

3. Le ms. B (212 r°-v°) insère ici : « Quant aux émirs ʿAzīzīya, ils allèrent se mettre avec leurs corps de troupes au service d'al-Malik al-Muʿizz (suivent dans le ms. les noms des émirs. cf. *supra*, p. 92 et n. 1). Ils alléguèrent que l'émir Šams al-Dīn Luʾluʾ les avait réclamés pour qu'ils fissent partie de son corps de troupes. Ils avaient donc été rattachés à lui, mais cela les avait indisposés et ils avaient abandonné le service d'al-Malik al-Nāṣir. »

4. A une vingtaine de km au nord de Bilbays. Cf. Yāqūt, *Buldān*, IV, 145 ; Halm, II, 600 et carte 30.

5. Nous ne voyons pas à quel passage l'auteur fait allusion.

6. Sur la famille de cet émir Qaymarīya, cf. *supra*, p. 90. Au service d'al-Ṣāliḥ Ayyūb en Egypte, il fut arrêté en 648/1250, puis exilé à Damas où il fonda un hôpital dans le quartier d'al-Ṣāliḥīya. Cf. sa biographie dans Yūnīnī, *Ḏayl*, I, 43-45 ; Ḫazraǧī, 193 v° (année 653) ; Humphreys, 463 n. 42.

entendu dire qu'al-Nāṣir s'était emparé du pays. Al-Mu'izz entra dans une violente colère et fit pendre l'émir Nāṣir al-Dīn Ismā'īl b. Yaġmūr, ainsi qu'Amīn al-Dawla al-Sāmirī [1], qui avaient été l'un le *ġulām* et l'autre le vizir d'al-Ṣāliḥ Ismā'īl. Tous deux, alors prisonniers, étaient au nombre de ceux qui avaient convenu de prononcer ce sermon (*ḫutba*). Il voulut également faire périr l'émir Sayf al-Dīn al-Qaymarī, mais on lui conseilla de ne pas s'en prendre à lui ; il le laissa tranquille, et au bout de quelque temps l'expulsa d'Egypte vers la Syrie.

Il dit : al-Mu'izz, ayant appris qu'une fraction de l'armée et des *ġulām* d'al-Nāṣir avaient atteint Le Caire (al-Qāhira), ordonna de les repousser vers la Syrie. Ils repartirent le 28 ḏū l-qa'da / 21 février 1251 ; ils étaient environ trois mille, tous montaient des ânes, seuls leurs chefs, l'émir Nūr al-Dīn b. al-Akta' (le Manchot), Šihāb al-Dīn b. 'Alām al-Dīn et Badr al-Dīn Uzdamur al-'Azīzī [2] avec cinq ou six autres de ses frères d'armes (*ḫušdāšīya*) disposaient d'un cheval, à l'exclusion de tous les autres.

Année 649 / 26 mars 1251-13 mars 1252 [3]

L'historien dit : en 649, al-Zayn al-Ḥāfiẓī [4] revint du pays des Tatars, où il avait été envoyé par l'émir Šams al-Dīn Lu'lu' de son vivant pour porter au grand khān, roi des Tatars, de nombreux cadeaux et de somptueux présents. De la part du khān il rapportait à al-Malik al-Nāṣir une *tamġā* et un *nišān* [5] ; celui-ci se mit à les porter

1. Cf. *supra*, p. 66 et n. 1, p. 78 et n. 2.

2. Nūr al-Dīn 'Alī b. al-Akta', émir kurde alépin (m. 658/1260, cf. *infra*, p. 117), fut emprisonné par le maître d'al-Karak en 656/1258, puis libéré lors de l'accord conclu entre al-Muġīṯ et al-Nāṣir Yūsuf. Cf. Yūnīnī, *Ḏayl*, II, 8-9. Quant à Badr al-Dīn Uzdamur, émir porte-écritoire (*dawādār*) à Alep sous le règne d'al-'Azīz et d'al-Nāṣir, il mourut à Damas en 670/1271-2. Cf. Ibn Šaddād, *Sīra*, 38-39.

3. Aux sources indiquées par Cahen, « al-Makīn », 123, on peut ajouter Maqrīzī, *Sulūk*, I, 2, 381-382, trad. Quatremère, I, 1, 32-36; sur l'accord entre al-Nāṣir Yūsuf et al-Muġīṯ, maître d'al-Karak, cf. aussi *A'lāq* (L.P.J.), 75-76.

4. Sur Zayn al-Dīn al-Ḥāfiẓī, médecin et proche conseiller d'al-Nāṣir Yūsuf, favorable à une alliance avec les Mongols, cf. Humphreys, 466 n. 39 et ajouter Ibn Abī Uṣaybi'a, 668-669 ; Ibn al-Ṣuqā'ī, n° 119 ; Ḏahabī, *'Ibar*, V, 267 ; Ibn al-'Imād, V, 308-309.

5. La *tamġā*, mot d'origine mongole, désigne le sceau officiel de la chancellerie du khān mongole, mais aussi un insigne de souveraineté délivré par le khān à ses représentants. Cf. G. Doerfer, *Türkische und Mongolische Elemente im neuen Persichen*, t. 1, Wiesbaden, 1965, 554-565. Le terme *nišān*, d'origine persane, est en revanche d'un emploi beaucoup plus rare ; il signifie également sceau, insigne, mais aussi lettre d'un souverain (Nous remercions Didier Gazagnadou à qui nous devons cet éclaircissement).

à la courroie de sa selle, ce qui chez les Tatars est une marque de soumission. Chaque année al-Nāṣir envoyait des cadeaux et des présents à Bāyǧū lieutenant du khān en Iran. Par la suite, Hūlāgū vint en Iran, en prit possession et Bāyǧū se mit à son service. Al-Malik al-Nāṣir ne lui prêta pas attention et ne lui fit rien parvenir du tout, pour une raison voulue par Dieu, le Très-Haut. Cela mécontenta Hūlāgū qui répétait à chaque instant : « Al-Malik al-Nāṣir envoyait cadeaux et présents à Bāyǧū alors que celui-ci n'était que notre *ġulām* et à nous, depuis notre arrivée, il n'a envoyé ni ambassadeur ni cadeau. » Cela resta gravé dans son esprit.

Il dit : cette année-là, fut assassiné al-Malik al-Ṣāliḥ Ismāʿīl b. al-Malik al-ʿĀdil b. Ayyūb. En effet, al-Malik al-Muʿizz, souverain du Caire, l'avait capturé lors de la bataille d'al-Kurāʿ comme nous l'avons exposé précédemment [1], et l'avait fait enfermer dans la Citadelle de la Montagne. Lui-même et ses proches furent d'avis de le tuer, ce dont il chargea son frère d'armes (*ḫušdāš*) l'émir ʿIzz al-Dīn Aybak al-Rūmī al-Ṣāliḥī [2]. Celui-ci prit des hommes avec lui et ils emmenèrent le prisonnier à al-Qarāfa [3] où ils le tuèrent et l'enterrèrent.

C'était un prince résolu et généreux, fin politique, agréable à vivre et proche de ses compagnons, mais il opprima ses sujets et prit leurs biens. Il nomma al-Rafīʿ al-Ǧīlī [4] cadi de Damas, et celui-ci harcela les habitants [5] et leur extorqua de l'argent pour le remettre à son souverain. **/ 164 /** Par la suite, al-Ṣāliḥ Ismāʿīl l'arrêta et le fit emprisonner. Il déclara avoir agi de la sorte parce que ce cadi n'avait pas (respecté) le droit des gens. Comme nous l'avons déjà raconté, il fit tuer [6] un groupe d'émirs égyptiens, fit aussi tuer son neveu al-Malik al-Ǧawād et donna Ṣafad, al-Šaqīf, Tibériade, et le Ǧabal ʿĀmila

Cf. également les insignes de souveraineté remis par le grand khān à Badr al-Dīn Lu'lu' de Mossoul, dans Rašīd al-Dīn, Boyle, 191.

1. Cf. *supra*, p. 92
2. ʿIzz al-Dīn Aybak al-Ṣāliḥī (m. 656/1258, cf. *infra*, p. 105) frère d'armes et homonyme du sultan al-Muʿizz.
3. Nom du grand cimetière situé au sud d'al-Qāhira.
4. Rafīʿ al-Dīn ʿAbd al-ʿAzīz b. ʿAbd al-Hādī al-Ǧīlī (m. 642/1244-45), médecin et cadi shafiite d'origine alépine. Cf. Pouzet, *Damas*, 122-123 (d'après Sibṭ et Ibn Kaṯīr). Cf. aussi Ibn Abī Uṣaybiʿa, 647-648.
5. Le ms. B (213 r°) ajoute : « marchands et gens riches ».
6. Il nous semble nécessaire de corriger ici le ms. Laleli, suivi par l'édition arabe, qui donne *qatalahu* au lieu de *qatala*. En effet, l'exécution des émirs égyptiens par al-Ṣāliḥ Ismāʿīl est bien rapportée plus haut par l'auteur (cf. *supra*, p. 67). D'autre part, le cadi Rafīʿ al-Ǧīlī ne fut pas tué par des émirs égyptiens — ainsi que le signifierait la leçon fautive — mais exécuté sur les ordres du vizir Amīn al-Dawla (détails dans Pouzet, *Damas*, 122-123). Quant au ms. B (213 v°), il remplace la fin de ce paragraphe par la seule phrase : « On dit qu'il fit tuer al-Malik al-Muʿizz ʿUmar b. al-Malik al-Ṣāliḥ, souverain du Caire. »

aux Francs en échange de leur aide contre le souverain du Caire [1]. Par deux fois il posséda Damas et Baalbek qui lui furent reprises, si bien qu'il ne lui resta rien à la fin de sa vie.

Il dit : cette année-là, al-Nāṣir, souverain de Syrie, apprit qu'al-Muʿizz, souverain du Caire, voulait l'attaquer. Il envoya son armée à Gaza pour faire face à l'armée égyptienne et protéger le pays. Al-Muʿizz partit avec les troupes d'Egypte et s'installa à al-Bārida [2] à la limite de son territoire ; ils restèrent ainsi pendant près de deux ans. Alors al-Nāṣir partit avec ses mamelouks et ses proches (*ḫawāṣṣ*) restés auprès de lui et campa à ʿAmtā [3] dans le Ġawr où il demeura près de six mois. C'est alors qu'arriva le cheikh Naǧm al-Dīn al-Bāḏarāʾī [4], envoyé du calife de Bagdad, qui négocia la paix entre eux : il fut convenu qu'al-Malik al-Muʿizz recevrait d'al-Malik al-Nāṣir Jérusalem La Vénérée et Gaza avec leur territoire, ainsi que tout le littoral jusqu'aux abords de Naplouse ; en échange, al-Muʿizz libérerait tous les princes et émirs qu'il avait faits prisonniers à la bataille d'al-Kurāʿ et dont on a déjà parlé [5]. Le cheikh Naǧm al-Dīn leur fit prêter serment, et chacun d'eux regagna le siège de son pouvoir.

Il dit : cette année-là, en 649 / 26 mars 1251-13 mars 1252, al-Muġīṯ b. al-Malik al-ʿĀdil, maître d'al-Karak, fit demander à al-Malik al-Nāṣir, maître de Damas, la restitution des territoires qui étaient annexés à al-Karak du temps où al-Malik al-Nāṣir Dāʾūd b. al-Muʿaẓẓam en était le maître. Il fut convenu que les territoires d'al-Ṣalt, d'al-Balqāʾ, et de Bayt Ǧibrīl [6] seraient annexés à al-Karak, à al-Šawbak et au Ġawr Zuġar [7]. Un diplôme (*manšūr*) fut rédigé à l'intention d'al-Muġīṯ, et les serments furent échangés selon l'usage.

Année 651 / 3 mars 1253 — 20 février 1254 [8]

Par la suite la puissance des Baḥrīya s'accrut, leur position se renforça et leur entente était parfaite. L'émir Fāris al-Dīn Aqṭāy,

1. Cf. *supra*, p. 72-73 et 76.
2. Localité située près d'al-ʿAbbāsa, à l'entrée du Wādī l-Ṭumīlāt (ou Wādī l-Sadīr). Cf. Maspero-Wiet, 231.
3. Dans la vallée du Jourdain, à douze parasanges (environ 70 km.) de Tibériade. Cf. Le Strange, *Palestine*, 393.
4. Cf. *supra*, p. 83 et n. 4.
5. Cf. *supra*, p. 92
6. Bayt Gibrīl ou Bayt Ǧibrīn, à l'est d'Ascalon. Cf. Le Strange, *Palestine*, 412-413.
7. Ġawr Zuġar, région au sud de la mer Morte. Cf. Le Strange, *Palestine*, 286-287.
8. Al-Makīn ne rapporte aucun événement pour l'année 650/1252-3. Pour l'année 651/1253-4, aux sources indiquées par Cahen, « al-Makīn », 124, on peut ajouter Maqrīzī, *Sulūk*, I, 2, 385-389, trad. Quatremère, I, 1, 38-46.

maître de la garde-robe (*ǧamdār*) [1], était à leur tête et les commandait. Chaque fois que l'un d'entre eux demandait un bien ou un *iqṭāʿ*, il l'obtenait. C'est ainsi qu'al-Fāris Aqṭāy réclama la ville-frontière (*ṯuġr*) d'Alexandrie et l'obtint. Si bien qu'ils devinrent plus puissants que le souverain du Caire al-Muʿizz et mirent la main sur le royaume. De plus, al-Muʿizz apprit qu'ils s'étaient entendus pour l'assassiner. Saisi de peur, il tendit un piège à al-Fāris Aqṭāy et le tua le 10 ḏū l-qaʿda 651 / 1er janvier 1254. La plupart des Baḥrīya partirent pour la Syrie sans être inquiétés, mais al-Muʿizz fit saisir et emprisonner ceux qui s'attardèrent ; leurs maisons furent pillées et beaucoup d'entre eux furent tués. Quant à ceux qui s'étaient rendus en Syrie, ils s'arrêtèrent à Gaza, et écrivirent à al-Nāṣir, souverain de Syrie, qu'ils venaient se mettre à son service. Il leur répondit favorablement. Alors ils partirent de Gaza pour le rejoindre et traversèrent le pays des Francs où ils firent des raids, pillèrent et massacrèrent. Lorsqu'ils arrivèrent à Damas, al-Nāṣir vint au devant d'eux à cheval, les traita généreusement et leur distribua robes d'honneur et faveurs. Ils restèrent à son service et le poussèrent à attaquer l'Egypte, lui présentant l'entreprise comme étant facile. Al-Nāṣir leur faisait des promesses, mais différait sans cesse. De son côté, al-Muʿizz, souverain d'Egypte, eut peur pour sa vie et pour ses territoires lorsqu'il apprit le ralliement des Baḥrīya à al-Nāṣir ; et il lui fit dire de se méfier et de se garder des Baḥrīya. Al-Nāṣir lui réclama la partie du littoral qu'il lui avait prise grâce aux Baḥrīya. Cette région, en effet, faisait partie de leurs *iqṭāʿ*. Al-Muʿizz la lui restitua et al-Malik al-Nāṣir confirma leurs droits aux Baḥrīya qui y possédaient des *iqṭāʿ*, ainsi qu'il en avait l'habitude, et fit établir des diplômes (*manāšīr*) à leur intention [2].

Il dit : cette année-là, al-Malik al-Nāṣir épousa la fille du sultan ʿAlāʾ al-Dīn Kayqubāḏ, souverain de Rūm, **/ 165 /** dont la mère était la fille d'al-Malik al-ʿĀdil [3]. Elle arriva à Damas en cortège nuptial et

1. Sur Fāris al-Dīn Aqṭāy, cf. *supra*, p. 86 et n. 2.

2. En réalité, les événements rapportés par al-Makīn se déroulèrent depuis 651/1253 jusqu'à la fin de 653/1255-6 ou même début 654/1256. L'accord entre les deux sultans fut possible grâce à la médiation, une fois de plus, d'al-Bāḏarāʾī. Toute la Palestine, jusqu'à al-ʿArīš, fut accordée à al-Nāṣir, ce qui lui permit de distribuer d'importants *iqṭāʿ* aux Bahrites (Humphreys, 328).

3. « Ibn Kayqubāḏ » dans le ms. Laleli, mais il faut lire ʿAlāʾ al-Dīn Kayqubāḏ (618-634/1221-1237). Ibn al-ʿAdīm confirme que la mère de la princesse était la fille d'al-ʿĀdil (*Zubda*, III, 239). Ḏahabī, *ʿIbar*, V, 139, dit aussi que le sultan ʿAlāʾ al-Dīn épousa une fille d'al-ʿĀdil.

al-Nāṣir alla à sa rencontre jusqu'à al-Quṭayyifa [1], accompagné de tous les émirs et de tous les *ġulām* de son Etat [2].

Année 652 / 21 février 1254-9 février 1255 [3]

Il dit : en 652 une paix fut conclue entre al-Nāṣir, souverain de Syrie, et les Francs d'Acre et du littoral pour une durée de dix ans, six mois et quarante jours, à partir du début de muḥarram 653 (1er muḥarram 653 = 10 février 1255), au terme de laquelle les Francs recevraient les territoires situés à l'ouest du Jourdain [4] et tous prêtèrent serment.

Année 654 / 30 janvier 1256-18 janvier 1257 [5]

Il dit : cette année-là, Hūlāgū s'empara des territoires des ismaïliens d'Iran ; il conquit la forteresse d'Alamūt [6] après un long siège et en tua tous les occupants y compris le seigneur du lieu qui était leur maître et le chef de leur mission (*da'wa*). Tous les ismaïliens d'Iran et de Syrie étaient ses *ġulām* et ses lieutenants. Hūlāgū délivra ainsi l'Iran des ismaïliens. Ensuite, il entreprit de débarasser ce pays de la présence des Kurdes, des Turcomans, et des Šahrazūrīya [7]. Il envoya Kitbūġā [8] au pays des Kurdes où ceux-ci s'étaient retranchés dans les montagnes et les grottes [9]. Il envoya Bayǧū au pays de Rūm où (ses troupes)

1. Village sur la route de Homs à Damas d'après Yāqūt, *Buldān*, IV, 378 ; Le Strange, *Palestine*, 490.
2. Le ms. B (213 v°) ajoute : « Les chrétiens et les juifs sortirent avec des cierges, (portant) l'Evangile et la Tora. Ce fut un jour mémorable. »
3. On peut citer comme autres sources pour la paix conclue entre al-Nāṣir et les Francs, Maqrīzī, *Sulūk*, I, 2, 389-396, trad. Quatremère, I, 1, 46-57, et Ibn al-Furāt, éd. Lyons, 49, trad. 40.
4. Sur le sens de *al-mā' wa maġrib*, cf. *supra*, p. 76 et n. 2.
5. Aux sources indiquées par Cahen, « al-Makīn », 124, on peut ajouter pour l'expansion mongole, Maqrīzī, *Sulūk*, I, 2, 399-400, trad. Quatremère, I, 1, 60-63 ; Ǧuwaynī, trad. Boyle, 618-640.
6. Alamūt, au Nord de l'Iran, centre du pouvoir des ismaïliens, fut prise par les Mongols en ḏū l-qa'da 654/décembre 1256. Cf. *E.I.* 2, « Alamūt » (L. Lockhart-M. Hodgson) et Lewis, *Assassins*, 130-137.
7. Kurdes originaires du Šahrazūr, région comprise entre Irbil et Hamaḏān. Cf. Yāqūt, *Buldān*, III, 375. Cf. *infra*, p. 105-106.
8. Kitbūġā, le grand général nestorien de Hūlāgū, fut tué à la bataille de 'Ayn Ǧālūt. Cf. Morgan, 155 et 156 ; *infra*, p. 120.
9. Traduction hypothétique de *šuqfān*, pluriel (non attesté) de *šaqīf*, pour lequel Dozy, I, 775, donne le sens de « bloc, gros morceau qui tombe d'une roche ». Yāqūt,

massacrèrent, pillèrent et emprisonnèrent en grand nombre. Quant à Kitbūġā, il s'empara du pays des Kurdes et de leurs citadelles qu'il détruisit, et la plupart d'entre eux s'enfuirent vers la Syrie, en l'année 654 / 30 janvier 1256-18 janvier 1257.

Année 655 / 19 janvier 1257-7 janvier 1258 [1]

Cette année-là, al-Muʿizz, souverain du Caire, demanda en mariage la fille de Badr al-Dīn Lu'lu', maître de Mossoul. Sa femme, Šaǧar al-Durr, l'apprit ; alors elle changea de dispositions à son égard et lui de même. Il la prit en aversion, car elle lui reprochait la faveur qu'elle lui avait faite en lui donnant le pouvoir en Egypte et la fortune. De plus, elle agissait en souveraine, donnant des ordres et se faisant obéir. Leurs relations s'envenimèrent et ils se fâchèrent ; al-Muʿizz voulut la tuer, mais elle l'apprit, eut peur et prépara un piège pour le tuer. Elle s'entendit pour cela avec l'eunuque (*ḫādim*) Muḥsin al-Ǧawharī et avec Naṣr al-ʿAzīzī [2]. La nuit du mercredi 25 rabīʿ I 655 / 12 avril 1257, al-Muʿizz remonta à la citadelle après une partie de polo et rentra chez lui. Šaǧar al-Durr vint au devant de lui et lui baisa la main. Il ordonna de préparer le bain et s'avança vers elle sans vêtements. Alors Muḥsin al-Ǧawharī et un de ses *ġulām* connu pour sa grande force arrivèrent sur lui et le tuèrent dans le bain. Tôt le mercredi [3], la chose se sut, et les mamelouks d'al-Muʿizz se saisirent de Muḥsin al-Ǧawharī et de son *ġulām* qui furent crucifiés et cloués sur le bois, à la porte de la citadelle. Naṣr al-ʿAzīzī s'enfuit vers la Syrie. Quant à Šaǧar al-Durr elle fut menée chez la mère de Nūr al-Dīn, fils d'al-Malik al-Muʿizz [4], qui la tua à coups de socques de bois. Elle fut

Buldān, III, 356, dit qu'il signifie à l'origine « grotte » (ou caverne). En Syrie, le terme de *šaqīf* est parfois employé pour désigner une forteresse.

1. Aux sources indiquées par Cahen, « al-Makīn », 124, on peut ajouter pour les événements égyptiens Maqrīzī, *Sulūk*, I, 2, 401-408, trad. Quatremère, I, 1, 64-77 ; Ibn al-Dawādārī, VIII, 30-33 ; Baybars al-Manṣūrī, *Tuḥfa*, 36-39.

2. Naṣr al-ʿAzīzī, ancien mamelouk d'al-ʿAzīz d'Alep, passé au service d'al-Muʿizz, sans doute en 648/1251 (cf. Humphreys, 317-18). Dès 653/1255, certains émirs ʿAzīzīya entrèrent en relations avec al-Nāṣir Yūsuf pour tenter de renverser al-Muʿizz (cf. Humphreys, 327-328).

3. En effet, dans le calendrier musulman comme dans le calendrier juif, le début d'une journée est fixé, non au milieu de la nuit, mais à la tombée de la nuit du jour précédent.

4. Nūr al-Dīn ʿAlī, qui avait alors 15 ans, succéda à son père sous le nom d'al-Manṣūr. Cf. *infra*, p. 101.

jetée nue dans le fossé à la porte de la citadelle. Quelques jours plus tard, elle fut portée et enterrée dans son mausolée [1].

Le règne d'al-Malik al-Muʿizz avait duré sept ans moins trente-trois jours ; il avait débuté un samedi et s'était achevé un mardi, quatre-vingt-quatre jours après la fin de l'année 654 de l'hégire, ce qui correspond à l'an solaire du monde 6748, sept mois et dix-sept jours [2]. C'était un prince résolu, courageux, généreux, bon administrateur et habile politique qui gouverna au Caire pendant sept ans. Mais c'était un prince sanguinaire qui exécuta et fit pendre un grand nombre de gens qui n'avaient commis aucune faute, afin, disait-il, de susciter crainte et effroi dans le cœur de ses sujets.

Comme vizirs il eut (d'abord) le cadi Tāǧ al-Dīn b. bint al-Aʿazz Ibn Šukr [3] qu'il révoqua ensuite, et remplaça par le cadi al-Asʿad Šaraf al-Dīn b. Hibat Allāh b. Ṣāʿid al-Fā'izī [4]. Pendant son vizirat celui-ci introduisit beaucoup de nouveautés et de droits contraires à la coutume ; il préleva sur les chrétiens et les juifs une double capitation (*ǧawālī*) ; il instaura des prélèvements, / **166** / des taxes (*taṣqīʿ* et *taqwīm*) et des dinars [5] ainsi que bien d'autres innovations. Il avait coutume de se rendre dans les provinces de Qūṣ, et ailleurs, pour en récolter les richesses et se les faire apporter. Il désigna comme lieutenant le cadi Zayn al-Dīn b. al-Zubayr, connu pour sa loyauté et que l'on appelait aussi le Turc [6], pour qu'il observât le conseil (*maǧlis*) et lui rapportât les conversations des émirs turcs avec al-Muʿizz. Il possédait de grands biens et fit édifier à l'extérieur du Caire une grande demeure qu'il appela le Palais du Vizirat (Dār al-Wizāra) ; il fit

1. Sur la mort d'al-Muʿizz et de Šaǧar al-Durr, cf. Schregle, 84-95. Sur le mausolée de Šaǧar al-Durr, dans le cimetière d'al-Sayyida Nafīsa, cf. D. Behrens-Abouseif, *Islamic architecture in Cairo. An introduction*, Leyde, 1992, 91-93.

2. La concordance avec la date donnée plus haut 25 rabīʿ I impose de corriger (selon le ms. B, 214 r°) 34 en 84 et 6948 en 6748, la fin de l'an du monde 6748 se situant le 29 août 1256.

3. Sur Tāǧ al-Dīn ʿAbd al-Wahhāb b. bint al-Aʿazz (m. 665/1266-7), petit-fils du cadi al-Aʿazz Faḫr al-Dīn Ibn Šukr qui fut chef du Dīwān sous al-ʿĀdil I (Gottschalk, 23), cf. Ibn al-Ṣuqāʿī, n° 194.

4. Ce deuxième vizir et cadi s'appelait en réalité Šaraf al-Dīn Hibat Allāh b. Ṣāʿid al-Fā'izī (m. 656/1258). Cf. Ibn al-Ṣuqāʿī, n° 273, et Maqrīzī, *Sulūk*, trad. Quatremère, I, 1, 73 (sur son arrestation).

5. Ces deux taxes sur la propriété (*taṣqīʿ* et *taqwīm*) furent sans doute introduites en Egypte dès la fin de la période ayyoubide ; cf. Rabie, 107. La lecture « dinars » proposée ici d'après la variante du ms. B (cf. *supra*, p. 91 et n. 3), nous semble peu convaincante. Mais dans le ms. Laleli le mot est transcrit sans points diacritiques ce qui rend sa lecture plus qu'incertaine.

6. Car il parlait bien le turc. Homme de lettres et historien, il fut plus tard vizir de Quṭuz puis de Baybars (cf. *infra*, p. 109). Cf. Ibn al-Ṣuqāʿī, n° 273 ; Ibn al-Dawādārī, VIII, 64.

construire des madrasas et des mosquées (*masāğid*) auxquelles il affecta de nombreux *waqf* ; il fit aussi bâtir des immeubles et remit en valeur de grands espaces.

Deuxième souverain turc d'Egypte

Al-Malik al-Manṣūr Nūr al-Dīn ʿAlī b. al-Malik al-Muʿizz ʿIzz al-Dīn Aybak al-Ṣāliḥī, le Turcoman

Il succéda à son père en Egypte, le 26 rabīʿ II 655 / 13 mai 1257 [1]. En effet, les émirs Muʿizzīya [2], mamelouks de son père, se mirent d'accord sur son nom, lui prêtèrent serment, et firent prêter serment à toute l'armée égyptienne. Comme c'était encore un jeune enfant, ils lui donnèrent pour atabeg l'émir Fāris al-Dīn Aqṭāy al-Mustaʿrib al-Ṣāliḥī [3], frère d'armes (*ḫušdāš*) de son père. Le cadi al-Asʿad Šaraf al-Dīn al-Fā'izī qui était le vizir de son père resta en poste quelques jours, mais un complot fut fomenté contre lui et il fut tué. La raison de son assassinat fut la suivante : selon le témoignage de Sābiq al-Ṣayrafī [4] et de Nāṣir al-Dīn Muḥammad Ibn al-Uṭrūš (le Sourd) le Kurde, émir *ğāndār* [5], le vizir avait dit, après la mort d'al-Malik al-Muʿizz, que le royaume laissé à des enfants irait mal, faisant allusion à al-Malik al-Manṣūr, et qu'il ne pouvait revenir qu'à al-Malik al-Nāṣir, souverain de Syrie ; il avait donc décidé de lui envoyer un messager pour lui demander de venir. Les émirs dirent à la mère d'al-Malik al-Manṣūr : « Si vous gardez ce vizir, il vous ôtera le royaume des mains. » Alors elle le fit arrêter, fit saisir toutes ses richesses et piller sa demeure située dans la citadelle, où étaient amassés de grands biens. Elle le fit entrer à l'intérieur des appartements des femmes, et envoya al-Ṣārim Aḥmar ʿAynuhu (à l'Œil rouge)

1. Il s'agit en réalité du 26 rabīʿ I 655 / 13 avril 1257. Cf. Thorau, 52.
2. Sur le nom des contingents mamelouks, cf. *supra*, p. 39, n. 3.
3. Sur ce commandant en chef de l'armée égyptienne (m. 672 ou 673/1273-4 ou 1274-5), qu'il ne faut pas confondre avec son homonyme, le chef des Bahrites (m. 652/1254), cf. Ibn al-Ṣuqāʿī, n° 16 ; Yūnīnī, *Ḏayl*, III, 45-48.
4. Sābiq al-Dīn Būzbā al-Ṣayrafī, nommé par Baybars atabeg des armées du calife al-Mustanṣir billāh en 659/1261. Cf. Ibn al-Ṣuqāʿī, n° 1.
5. Ce personnage est appelé Ibn al-Aṭardūš (?) dans le ms. Laleli et dans l'édition, mais Ibn al-Uṭrūš (dans Maqrīzī, *Sulūk*, I, 2, 405, trad. Quatremère, I, 1, 74) nous a semblé plus correct. Sur la fonction de *ğāndār* cf. *supra*, p. 39 et n. 2.

al-Ṣāliḥī al-ʿImādī [1], accompagné de quelques hommes, l'étrangler avec une corde d'arc. Quelques jours plus tard on sortit le corps dans un tapis d'alfa, et on l'enterra à al-Qarāfa [2]. Il fut remplacé au vizirat par Badr al-Dīn al-Sinǧārī [3], cadi de Sinǧār, qui fut destitué au bout d'un certain temps. Le cadi Tāǧ al-Dīn ʿAbd al-Wahhāb b. bint al-Aʿazz Ibn Šukr [4] devint alors vizir ; il se montra juste, interdit les abus, et se conduisit en homme de bien.

En cette année 655 / 19 janvier 1257-7 janvier 1258, Hūlāgū, roi des Tatars, vint jusqu'à Bagdad avec toutes les armées tatares, et il fit venir du pays de Rūm Bāyǧū avec toutes ses troupes [5]. L'armée de Bagdad fit une sortie contre eux et les deux camps s'affrontèrent. Les Tatars subirent d'abord une défaite et nombre d'entre eux furent tués. Mais la nuit même, Bāyǧū prit un important contingent de Tatars et défit l'armée de Bagdad à l'extérieur de la ville, tuant un très grand nombre d'hommes. (Parmi les vaincus), il y eut beaucoup de morts, certains se noyèrent dans le Tigre et d'autres s'enfuirent vers la Syrie.

Année 656 / **8 janvier 1258-28 décembre 1258** [6]

Alors les Tatars firent le siège de la ville, livrèrent de durs combats, et la prirent d'assaut le 20 muḥarram 656 / 27 janvier 1258. Hūlāgū ordonna de piller et de massacrer la population. Ses hommes dégainèrent leur épée sept jours durant, tuèrent la plupart des habitants et pillèrent une quantité inestimable de biens et de richesses. Hūlāgū s'empara du calife al-Mustaʿṣim billāh b. al-Mustanṣir b. al-Ẓāhir b. al-Imām al-Nāṣir li-Dīn Allāh **/ 167 /** le 28 muḥarram 656 / 4 février 1258. Il ordonna de le frapper à coups de pieds jusqu'à ce que mort s'ensuive. Ainsi fut-il exécuté [7]. Son califat avait duré seize

1. Ce sobriquet « à l'Œil rouge » est attesté pour un autre personnage en raison d'une tache rouge qu'il avait dans l'œil. Cf. Yūnīnī, *Ḏayl*, II, 390.
2. Sur ce cimetière, cf. *supra*, p. 95 et n. 3.
3. Cf. *supra*, p. 65 et n. 1.
4. Cf. *supra*, p. 100 et n. 3.
5. Les mss. B (214 v°) et Laud. ajoutent : « Vint également en renfort l'armée de Badr al-Dīn Luʾluʾ, maître de Mossoul ».
6. Pour la prise de Bagdad par les Mongols et la mort du calife, on peut ajouter aux sources indiquées par Cahen, « al-Makīn », 124, Maqrīzī, *Sulūk*, I, 2, 409-410, 412-414, trad. Quatremère, I, 1, 77-80 ; Rašīd al-Dīn, Quatremère, 224-253 (négociations entre le calife et Hūlāgū), 254-281 (marche sur Bagdad), 282-307 (siège et prise de Bagdad, meurtre du calife), 314-316 (prise d'Irbil).
7. Sur les différentes versions du meurtre du calife al-Mustaʿṣim, cf. la mise au point de J. A. Boyle, « The death of the last ʿAbbasid Caliph : a contemporary Muslim

ans, sept mois et six jours, et se termina deux mois et vingt jours après la fin de l'année 655 de l'hégire [1]. Puis Hūlāgū tua ses fils aînés, et fit prisonniers les plus jeunes ainsi que ses femmes et son harem qu'il envoya en Iran. Il s'empara de tous les biens, joyaux et trésors, qui étaient dans le palais du calife, et l'on dit que tout cela fut emporté dans des chariots [2].

On dit que le vizir de Bagdad avait écrit à Hūlāgū pour (l'inciter) à venir à Bagdad et à prendre le pays, car le calife al-Mustaʿṣim billāh avait ordonné le pillage d'al-Karḫ dont tous les habitants étaient du parti (*šīʿa*) de ʿAlī b. Abī Ṭālib [3]. La population fut alors livrée au pillage : les biens et toutes les richesses ainsi que les femmes et les enfants furent enlevés et les filles furent vendues. Le vizir qui était de tendance alide fut profondément choqué par cet ordre. C'est pourquoi il écrivit à Hūlāgū de venir prendre Bagdad. Cette affaire est bien connue.

Hūlāgū ordonna d'incendier la ville de Bagdad et l'on y mit le feu. Kitbūġā alla le trouver et lui dit: « Cette ville est importante, elle est la capitale de l'Iraq. Si tu l'épargnes, elle te rapportera chaque année bien des richesses, mais si tu la détruis, ses profits seront réduits à néant et elle ne pourra plus jamais être reconstruite. » Alors Hūlāgū fit éteindre le feu, ranger les armes et accorda la vie sauve aux survivants. Après avoir désigné des lieutenants, il quitta la ville.

Arqaṭū, l'un des principaux chefs, alla demander à Hūlāgū de le charger de la conquête d'Irbil, ce qui lui fut accordé. Il se mit en route avec les troupes de Tatars qu'il avait sous ses ordres. Lorsqu'ils avaient marché sur Bagdad pour la conquérir, ils étaient déjà passés près d'Irbil et (les habitants) leur avaient fait dire qu'ils étaient leurs esclaves (*ġilmān*) et leurs lieutenants, prêts à leur obéir ; ils cherchaient ainsi à les repousser en attendant de savoir ce qui se passerait à Bagdad. La chute de cette ville leur causa une vive affliction. Quand Arqaṭū, avec son armée de Tatars, arriva à Irbil, il fit dresser les

account », *Journal of Semitic Studies*, 6, 1961, 145-161, rééd. dans *The Mongol World Empire* (Variorum Reprints), Londres, 1977 ; on pourra lire dans cet article la traduction du récit de Guwaynī.

1. Il est évident qu'il faut corriger 656 en 655, comme dans le ms. B (214 v°). De même, il faudrait pouvoir lire « vingt-huit » jours au lieu de « deux mois et vingt jours » comme cela est écrit dans les mss. Laleli et B.

2. Les mentions de véhicules à roues dans le monde islamique médiéval sont assez rares. En revanche, les chariots étaient d'un usage fréquent chez les Turco-Mongols. Cf. *E.I.* 2, « ʿAdjala » (M. Rodinson).

3. Le vizir du calife était le shiite Ibn al-ʿAlqamī (m. 656/1258) qui avait pris le parti des Mongols. Cf. *E.I.* 2, « Ibn al-ʿAlḳamī » (J.A.Boyle). Al-Karḫ était le quartier shiite de Bagdad, au sud de l'ancienne ville ronde, sur la rive occidentale du Tigre.

mangonneaux [1], afin de les impressionner. Puis il leur fit dire: « Lorsque nous sommes passés près de votre ville, vous nous avez assurés de votre obéissance. Si vos propos étaient sincères, descendez de la citadelle et livrez-la nous ». Ils acceptèrent et décidèrent de quitter la citadelle. Mais quand ils virent les mangonneaux dressés ils se dirent qu'il y avait perfidie, et refusèrent de remettre la citadelle. Il y eut de violents combats et l'armée tatare resta pendant six mois devant la ville sans être capable de la prendre. La chaleur s'abattit sur les troupes et l'insalubrité grandit, ce qui entraîna la mort de nombreux Tatars. Šaraf al-Dīn le Kurde, maître d'Ānī, qui était au service d'Arqaṭū pendant le siège d'Irbil, intervint et lui conseilla de repartir avec ses troupes afin qu'elles ne soient pas exterminées du fait de l'insalubrité (des lieux). Il lui garantit qu'il se la ferait remettre et qu'il la détruirait. Quand l'armée tatare se fut retirée, les habitants livrèrent la ville au maître d'Ānī, sortirent sains et saufs avec leurs biens, leurs femmes et leurs enfants et se rendirent là où ils voulaient. Par la suite, al-Ṣāḥib Tāǧ al-Dīn b. Ṣalāyā [2], qui avait été le lieutenant du calife à Irbil, alla se mettre au service de Hūlāgū, mais celui-ci le fit tuer, convaincu que c'était lui qui avait mené la rébellion, et empêché la reddition de la citadelle ; mais il en avait été tout autrement, à ce que l'on dit.

Cette année-là, al-Kāmil b. Šihāb al-Dīn Ġāzī [3], maître de Mayyāfāriqīn, arriva au service d'al-Malik al-Nāṣir à Damas et lui demanda son aide contre les Tatars, mais elle lui fut refusée. Aussi retourna-t-il dans son pays comme il en était venu. Hūlāgū envoya une forte armée contre Mayyāfāriqīn, qui en fit le siège pendant près de deux ans avant de s'en emparer de vive force. Al-Kāmil b. Šihāb al-Dīn Ġāzī b. al-Malik al-ʿĀdil fut tué, la ville fut pillée, et tous les habitants massacrés.

Il dit : lorsqu'al-Nāṣir, souverain de Syrie, apprit que Hūlāgū s'était emparé de Bagdad et avait tué le calife, il fut terrifié. / **168** / Nous avons déjà dit [4] qu'il avait négligé de manifester sa soumission envers Hūlāgū, qu'il n'avait pas conclu d'accord avec lui et qu'il ne lui avait pas fait parvenir ce qui avait été convenu auparavant avec le grand khān. Aussi envoya-t-il son fils al-Malik al-ʿAzīz à son service, porteur de nombreux cadeaux et de présents somptueux, et avec lui, al-Zayn

1. Sur ces engins de siège, cf. *E.I.* 2, « Mandjanīk. », (D. R. Hill).
2. Sur le *šarīf* Tāǧ al-Dīn Ibn Ṣalāyā, qui d'après Subkī était shiite, cf. *Mufarriǧ*, V, 50-51 ; Subkī, VIII, 263 ; Rašīd al-Dīn, Boyle, 192.
3. Al-Kāmil Muḥammad b. al-Muẓaffar, petit-fils d'al-ʿĀdil I, succéda à son père à Mayyāfāriqīn en 645/1247 et résista héroïquement aux Mongols de 656 à 658/1258-1260. Cf. Humphreys, 335, 340-341, 344, 356.
4. Cf. *supra*, p. 95.

al-Ḥāfiẓī, l'émir Sayf al-Dīn al-Ǧākī, le chambellan (*ḥāǧib*) ʿAlam al-Dīn Qayṣar al-Ẓāhirī, et un certain nombre de soldats [1]. Lorsqu'ils furent arrivés auprès de Hūlāgū et leur eurent offert les présents qu'ils apportaient, il leur demanda : « Pourquoi al-Malik al-Nāṣir ne s'est-il pas rendu lui-même auprès de nous ? » Ils l'excusèrent en alléguant qu'il était face à l'ennemi, que son pays était au milieu des territoires francs et qu'il ne pouvait pas le quitter pour venir lui-même, mais qu'il avait envoyé son fils le représenter au service de Hūlāgū. Celui-ci sembla accepter l'excuse, mais dans son for intérieur il pensait tout autre chose.

Quant aux Baḥrīya, ils abandonnèrent cette année-là le service d'al-Malik al-Nāṣir, souverain de Syrie, lorsqu'ils furent convaincus qu'il ne marcherait pas avec eux contre l'Egypte et n'enverrait pas son armée à leurs côtés. Ils se rendirent alors chez al-Malik al-Muġīṯ, maître d'al-Karak, et l'incitèrent à attaquer l'Egypte et lui donnèrent envie de s'en emparer. Ils dirent qu'un certain nombre d'émirs du Caire leur avaient écrit les pressant de venir pour s'entendre avec eux et pour leur livrer le pays. Al-Muġīṯ rassembla ses forces et marcha sur Le Caire avec son armée et tous les émirs Baḥrīya. L'émir Sayf al-Dīn Quṭuz al-Muʿizzī [2], ses compagnons d'armes (*ḫušdāšīya*) et les troupes égyptiennes sortirent à leur rencontre, les affrontèrent et les mirent en déroute. Al-Muġīṯ, maître d'al-Karak, ainsi que l'ensemble des Bahrīya s'enfuirent vers al-Karak, tandis que l'armée égyptienne s'emparait des hommes et des bagages qui restaient, faisant de nombreux prisonniers. Tous ceux qui, dans l'armée égyptienne, étaient entrés en correspondance avec (l'ennemi) furent tués, entre autres les émirs ʿIzz al-Dīn Aybak al-Rūmī al-Ṣāliḥī, Sayf al-Dīn Balabān al-Kāfirī al-Ṣāliḥī, Badr al-Dīn Balġān al-Ašrafī [3], ainsi qu'un certain nombre de soldats ; leurs biens, leurs chevaux et leurs bagages furent saisis.

Il dit : cette année-là, les Šahrazūrīya arrivèrent en Syrie, fuyant Hūlāgū ; ils étaient au nombre de trois mille cavaliers, et avaient leurs

1. Sur Zayn al-Dīn al-Ḥāfiẓī, cf. *supra*, p. 94 et n. 4. L'émir Sayf al-Dīn al-Ǧākī, gouverneur de Ḥarrān à l'époque ayyoubide, fut nommé par les Mamelouks après l'invasion mongole, *nāʾib al-wilāya* à Baalbek où il mourut en 673/1274-5. Cf. Yūnīnī, *Ḏayl*, III, 89-90 ; Ibn Šaddād, *Sīra*, 81. Quant à ʿAlam al-Dīn Qayṣar al-Ẓāhirī, il s'agit peut-être encore de l'ancien mamelouk d'al-Ẓāhir Ġāzī (m. 613/1216) qui joua un rôle important à Alep sous le règne d'al-ʿAzīz. Dans ce cas, il devait être relativement âgé en 656/1258. Cf. Ibn al-ʿAdīm, *Zubda*, III, 136, 147, 178, 195 ; *Aʿlāq* (Alep), 29, (S.N.), 268-269.

2. Futur sultan mamelouk. Cf. *E.I.* 2, « Ḳuṭuz » (D. P. Little).

3. Emirs bahrites qui, d'après d'autres sources, avaient déserté l'armée égyptienne, mécontents de se voir supplanter par les mamelouks d'al-Muʿizz. Cf. Humphreys, 332 ; *Mufarriǧ*, 1703, 129 r°.

femmes et leurs biens avec eux [1]. Les émirs Qaymarīya conseillèrent à al-Malik al-Nāṣir Ṣalāḥ al-Dīn, maître de Damas, de les prendre à son service afin d'accroître ses forces et de l'emporter sur son ennemi. Il suivit cet avis, les engagea, leur remit des robes d'honneur, les traita avec générosité et leur accorda des biens et des *iqṭāʿ*. Mais ils ne se contentèrent pas de tout ce qui leur avait été donné et al-Nāṣir apprit qu'ils penchaient en faveur du maître d'al-Karak et étaient entrés en correspondance avec lui. Il craignit alors que celui-ci ne s'en trouvât renforcé et ne sortît de son obédience. Il leur augmenta faveurs et bienfaits, mais eux se révoltèrent de plus belle. Les émirs Qaymarīya suggérèrent à al-Nāṣir de leur faire parvenir de l'argent par l'intermédiaire de l'émir Badr al-Dīn Ḫiḍr b. Ḥūdī al-Qaymarī [2] qui lui, peut-être, les persuaderait de rester au service d'al-Nāṣir. Il envoya donc Badr al-Dīn avec de l'argent, des cadeaux honorifiques (*tašārīf*) et des vêtements ; il le fit accompagner par Šams al-Dīn, fils du cadi d'Irbil. Ils partirent, mais, au bout de quelques jours, Šams al-Dīn, fils du cadi d'Irbil, revint, et informa al-Nāṣir que Badr al-Dīn Ḫiḍr b. Ḥūdī avait emmené tous les Šahrazūrīya se mettre au service d'al-Malik al-Muġīṯ, maître d'al-Karak, et avait quitté le service d'al-Nāṣir sans son autorisation.

Lorsque les Bahrīya et Šahrazūrīya se joignirent au maître d'al-Karak, il désira (s'emparer de nouveaux) territoires, et écrivit à un certain nombre d'émirs d'al-Nāṣir. Lorsque celui-ci l'apprit, il eut très peur et soupçonna tous les émirs, grands et petits, d'avoir pris le parti du maître d'al-Karak ; il pensa aussi que Badr al-Dīn Ḫiḍr b. Ḥūdī avait agi avec l'accord des Qaymarīya et d'autres émirs pour lui retirer le royaume de Damas et le donner au maître d'al-Karak. L'un de ses *ġulām* lui conseilla de faire venir les grands émirs et de leur faire prêter serment en premier, puis de faire prêter serment aux autres émirs ; ceux qui refuseraient seraient arrêtés et tous leurs biens confisqués. Ce *ġulām* lui redonna ainsi force et courage. Suivant son conseil, **/ 169 /** al-Nāṣir manda les grands émirs, leur fit prêter serment et les apaisa. Un certain nombre d'émirs ʿAzīzīya, mamelouks de son père, refusèrent le serment, se plaignant de leurs concessions (*aḫbāz*) ; il mit fin à leurs plaintes en augmentant leur revenu et en leur accordant des

1. D'après Maqrīzī, *Sulūk*, I, 2, 411, trad. Quatremère, I, 1, 79-80, ces Kurdes du Šahrazūr avaient été enrôlés dans l'armée mongole. Ils désertèrent en 656/1258, et se réfugièrent en Syrie. Cf. *supra*, p. 98 et n. 7.

2. Nous avons corrigé le nom de cet émir dont la lecture est incertaine dans le ms. Laleli, d'après deux autres sources. Ibn Šaddād (*Sīra*, 292) l'appelle Badr al-Dīn Ḫiḍr b. Ġūdī et dit qu'il se mit plus tard au service de Baybars en Syrie. Al-Ḫazraǧī (181 v°) l'appelle Badr al-Dīn Ḫiḍr b. Ḥūdī et dit qu'il avait été envoyé secrètement en 648/1250 par les émirs Qaymarīya de Damas à al-Nāṣir pour négocier la remise de Damas.

faveurs. Ils se calmèrent et prêtèrent tous serment. Rasséréné, al-Nāṣir n'éprouva plus ni peur ni désarroi.

Année 657 / 29 décembre 1258-17 décembre 1259 [1]

Par la suite, al-Nāṣir apprit qu'al-Muġīṯ, maître d'al-Karak, avait quitté sa citadelle avec ses troupes pour marcher contre Damas. Les grands émirs lui conseillèrent de partir à sa rencontre avec son armée ; il s'équipa et se mit en route au début de l'année 657. Il parvint à Jéricho (Arīḥā), alors que les Baḥrīya et les troupes du maître d'al-Karak stationnaient à ʿAqabat Arīḥā [2]. L'armée d'al-Nāṣir attaqua la première, (les deux camps) se livrèrent combat, les troupes du maître d'al-Karak furent mises en déroute. Ǧamāl al-Dīn b. Yaġmūr fit dire en secret au maître d'al-Karak de remonter dans sa citadelle pour éviter d'en être coupé et celui-ci s'y rendit. Al-Nāṣir partit vers Jérusalem La Vénérée et y pénétra un vendredi ; il fit la prière du vendredi à la mosquée al-Aqṣā dans le Ḥaram [3] ; il demeura quelques jours à Jérusalem, puis repartit avec ses troupes et alla camper à Zīzā [4] à proximité d'al-Karak ; il y resta six mois, pendant lesquels il ne cessa de négocier avec al-Muġīṯ, maître d'al-Karak. Il refusa tout accord tant qu'al-Muġīṯ ne lui remettrait pas tous les Baḥrīya et n'éloignerait pas de lui les Šahrazūrīya. Ces derniers quittèrent le service d'al-Malik al-Muġīṯ, maître d'al-Karak, et se dirigèrent vers les provinces du littoral ; Badr al-Dīn Ḫiḍr b. Ḥūdī [5] resta, quant à lui, au service du maître d'al-Karak. S'il avait quitté al-Nāṣir, maître de Damas, c'est parce que celui-ci (n'osait) pas affronter Hūlāgū et que ses émirs étaient trop lâches pour combattre les Tatars ; craignant pour sa vie si les Tatars prenaient le pays, il avait donc abandonné le service d'al-Nāṣir et s'était rendu à al-Karak.

Sur ces entrefaites, l'émir Rukn al-Dīn Baybars al-Bunduqdārī [6] fit demander à al-Malik al-Nāṣir, maître de Damas, de lui jurer (sécurité) afin qu'il vînt se mettre à son service. Al-Nāṣir prêta serment comme

1. Aux sources indiquées par Cahen, « al-Makīn », 125, on peut ajouter Maqrīzī, *Sulūk*, I, 2, 414-421, trad. Quatremère, I, 1, 81-90.
2. Une hauteur, sans doute dans les environs de Jéricho. Cf. Abel, II, 359.
3. Sur le Ḥaram al-Šarīf, l'esplanade de la Coupole du Rocher et de la mosquée al-Aqṣā, cf. *E.I.* 2, « Al-Ḥaram al-Sharīf » (O. Grabar).
4. Sur Zīzā ou Birkat Zīzā, village de la province d'al-Balqā', sur la route du pèlerinage, cf. Le Strange, *Palestine*, 393, 554.
5. Sur ce personnage et son nom, cf. *supra*, p. 106 et n. 2
6. Sur Baybars, cf. P. Thorau, *The Lion of Egypt. Sultan Baybars I and the Near East in the thirteenth century*, trad. de l'allemand, Londres-New York, 1992.

Baybars le lui avait demandé, puis celui-ci se présenta à Birkat Zīzā où al-Nāṣir l'accueillit, le traita avec générosité, et lui accorda la place (*qaṣaba*) de Naplouse, ainsi que Ǧīnīn [1] et sa province, (pour le service de) cent-vingt cavaliers.

Ensuite, la paix fut conclue entre al-Nāṣir et al-Muġīṯ, à condition que celui-ci livrât les Baḥrīya, ce qu'il fit. Al-Nāṣir les envoya sous bonne garde à Damas La Bien Gardée, et regagna lui-même cette ville qui était sa capitale (*mustaqarr mulkihi*). Il les fit incarcérer dans différentes forteresses, où ils restèrent jusqu'à l'arrivée de Hūlāgū qui, une fois maître du pays, les libéra et les prit à son service.

L'historien dit : cette année-là, au milieu de šaʿbān (15 šaʿbān 657 = 7 août 1259), al-ʿAzīz, le fils d'al-Malik al-Nāṣir, revint de chez Hūlāgū accompagné d'al-Zayn al-Ḥāfiẓī, de Sayf al-Dīn al-Ǧākī et de tous ceux qui étaient allés se mettre à son service [2]. Ils annoncèrent que Hūlāgū avait accepté les présents, qu'il s'était apaisé et qu'il n'était plus (fâché). Mais l'un de ceux qui étaient avec al-Zayn al-Ḥāfiẓī raconta que celui-ci s'était souvent rendu, seul, chez Hūlāgū, avait eu des entretiens secrets avec lui, et l'avait incité à conquérir le pays.

L'historien dit : quant à al-Manṣūr Nūr al-Dīn ʿAlī b. al-Malik al-Muʿizz, souverain d'Egypte, il consacrait beaucoup de temps au jeu et ne portait aucune attention à l'administration du royaume. C'est sa mère qui gouvernait, à la manière des femmes. L'émir Sayf al-Dīn Quṭuz, mamelouk de son père, se rendit compte que les affaires se gâtaient, et brigua le pouvoir pour lui-même. Le samedi 28 ḏū l-qaʿda 657 / 16 novembre 1259, alors que les émirs, ses frères d'armes (*ḫūšdāšīya*), étaient partis à la chasse, il (profita) de leur absence, saisissant cette occasion pour s'emparer d'al-Manṣūr, de son jeune frère et de leur mère ; il les emprisonna dans une tour de la Citadelle de la Montagne, puis les envoya à Damiette et les fit enfermer dans un logement aménagé à leur intention dans la Tour de la Chaîne (Burǧ al-Silsila) qui se dresse au milieu du fleuve [3]. Le règne d'al-Manṣūr avait duré deux ans, huit mois et trois / **170** / jours; il avait commencé un jeudi, et avait pris fin un vendredi, onze mois après la fin de l'an 656 de l'hégire. Dieu seul soit loué.

1. Localité située entre Naplouse et Baysān (act. Janīn). Cf. Le Strange, *Palestine*, 464.

2. Cf. *supra*, p. 104-105.

3. Tour près de la rive occidentale du bras du Nil, ainsi appelée parce qu'une chaîne, tendue entre cette tour et la cité, protégeait l'entrée du fleuve. Cf. Gottschalk, 62-63.

Troisième souverain turc

Al-Malik al-Muẓaffar Sayf al-Dīn Quṭuz,

mamelouk d'al-Malik al-Muʿizz ʿIzz al-Dīn Aybak al-Ṣāliḥī le Turcoman

Il devint maître de l'Egypte le samedi 28 dū l-qaʿda 657 / 16 novembre 1259, correspondant au 18 hatūr / 14 novembre. Après qu'il eut pris le pouvoir et fermement établi son autorité, ses frères d'armes (*ḫušdāšīya*) eurent connaissance (de ce qui s'était passé) ; ils revinrent de la chasse et désapprouvèrent sa conduite, mais lui les fit arrêter et enfermer. Parmi eux se trouvaient les émirs ʿAlam al-Dīn Sanǧar al-Ġanamī [1], ʿIzz al-Dīn al-Naǧībī al-Ṣaġīr (le Petit) [2], Šaraf al-Dīn Qīrān al-Muʿizzī, Sayf al-Dīn Bahādur [3] et Sayf al-Dīn Qarāsunqur [4]. Par la suite, furent aussi emprisonnés l'émir Sayf al-Dīn al-Dūd, oncle maternel d'al-Malik al-Manṣūr, l'eunuque (*ṭawāšī*) Šibl al-Dawla Kāfūr précepteur (*lālā*) [5] d'al-Malik al-Manṣūr, et l'eunuque (*ṭawāšī*) Ḥusām al-Dīn Bilāl al-Muġītī, maître de la garde-robe (*al-ǧamdār*) [6]. Al-Malik al-Muẓaffar fit prêter serment aux grands émirs et à toute l'armée d'Egypte. Ainsi tout fut réglé au mieux pour lui. Il prit comme vizir Zayn al-Dīn b. al-Zubayr [7], et confirma l'émir Fāris al-Dīn Aqṭāy al-Ṣāliḥī [8] dans sa fonction d'atabeg, en lui confiant l'administration de l'armée, le recrutement des soldats et la plupart des affaires de l'Etat. Il envoya des messagers auprès d'al-Malik al-Nāṣir, maître de

1. Al-Ġanamī ou al-Ġatamī comme dans Yūnīnī, *Ḏayl*, I, 52, 432 et III, 5, et dans Ibn al-Dawādārī, VIII, 32, 70. Accusé de complot par Baybars en 659/1260-1, il fut à nouveau arrêté et ne fut libéré qu'en 671/1272-3 (Ibn Šaddād, *Sīra*, 57).

2. ʿIzz al-Dīn Aybak al-Naǧībī tirait son nom de son premier maître l'émir Ǧamāl al-Dīn Aqūš al-Naǧībī. Il fut libéré par Baybars en 671/1272-3. Cf. Yūnīnī, *Ḏayl*, III, 1 et 5.

3. Sayf al-Dīn Bahādur participa en 658/1260 au meurtre de Quṭuz. Cf. Ibn al-Dawādārī, VIII, 62 et Yūnīnī, *Ḏayl*, III, 244.

4. Dans ms. B (215 r°) Šams al-Dīn. C'est également ainsi que l'appellent Ibn al-Dawādārī (VIII, 143) qui dit qu'il fut au service de Baybars et Yūnīnī (*Ḏayl*, IV, 204) qui situe sa mort en 683/1284-5.

5. Ancien eunuque noir d'al-ʿĀdil II, mort à Damas en 684/1285. Cf. Ibn al-Ṣuqāʿī, n° 207. Sur le sens du mot *lālā*, d'origine persane, cf. *Mufarriǧ*, IV, 255, n. 7.

6. Mort en 699/1299-1300. Cf. Maqrīzī, *Sulūk*, I, 2, 905. Sur la fonction de *ǧamdār*, cf. *supra*, p. 86 et n. 2.

7. Cf. *supra*, p. 100 et n. 6.

8. Cf. *supra*, p. 101 et n. 3.

Damas et d'Alep, pour lui demander de prêter serment, et celui-ci lui jura aide et assistance, selon l'habitude.

Il dit : al-Malik al-Nāṣir apprit que Hūlāgū était arrivé avec son armée à Ḥarrān et l'assiégeait. Or cette ville faisait partie de son royaume, et il fut dès lors convaincu que Hūlāgū venait l'attaquer. Il réunit pour les consulter les grands de l'Etat et les cheikhs ; ceux-ci lui conseillèrent de sortir hors de Damas avec ses troupes et de se préparer au combat. Ils allèrent donc camper à Birza, à l'extérieur de Damas, et étaient déterminés à se battre contre Hūlāgū. Mais, alors que les émirs étaient réunis pour décider du combat à mener contre les Tatars, Naǧm al-Dīn, émir chambellan [1], déclara : « Tous ceux qui affirment qu'ils combattront Hūlāgū ne font que discourir et ne savent pas ce qu'ils disent. Quels sont ceux qui affronteront Hūlāgū, lui qui a 200 000 cavaliers ? » Al-Zayn al-Ḥāfiẓī appuya ces propos en évoquant les troupes des Tatars, nombreuses et habituées à la guerre, en décrivant la puissance de Hūlāgū, sa fougue, son orgueil et sa bravoure, lui qui s'empare des royaumes, tue les princes, sème la terreur et l'effroi dans tous les cœurs. A ces mots, al-Malik al-Nāṣir et les émirs perdirent tout courage pour affronter et combattre Hūlāgū. Or, parfois, al-Malik al-Nāṣir quittait à cheval l'armée pour se rendre dans le jardin de son frère al-Malik al-Ẓāhir, aux environs de Damas, s'y reposer et y passer la nuit. Certains de ses émirs mamelouks s'entendirent pour l'assaillir lorsqu'il serait dans le jardin, le tuer lui et ses émirs kurdes, puis donner le pouvoir à l'un des émirs turcs. Ils disaient que les émirs kurdes avaient décidé de ne pas combattre Hūlāgū et en avaient convaincu le sultan ; si on les laissait faire, le pays courrait à sa perte et serait envahi par les Tatars. Ils guettèrent le moment où al-Malik al-Nāṣir se rendait dans ce jardin, selon son habitude, et donnèrent l'assaut, au début de la nuit. Mais al-Nāṣir et son frère al-Ẓāhir s'enfuirent (franchissant) le mur du jardin et gagnant à pied la citadelle de Damas. Au matin, les émirs apprirent la nouvelle. Alors, les émirs Qaymarīya, ainsi que Ǧamāl al-Dīn b. Yaġmūr et un certain nombre de grands émirs, vinrent conseiller à al-Nāṣir de retourner au camp / **171** / proche de Birza et de garder secrète cette histoire. Il approuva et repartit avec eux jusqu'au camp ;

1. L'édition, d'après le ms. Laleli, ajoute ici : « et al-Zayn al-Ḥāfiẓī ». Mais cet ajout, qui n'est pas dans le ms. B (215 v°), est en contradiction avec la construction grammaticale de la phrase. Naǧm al-Dīn Muḥammad b. al-Iftiḫār Yāqūt, chambellan d'al-Nāṣir, était favorable, comme Zayn al-Dīn al-Ḥāfiẓī, aux Mongols. Cf. *A'lāq* (Djéziré), 486-487.

son frère al-Ẓāhir chevauchait derrière lui portant son épée à la manière d'un *silāḥdār* [1]. On ne dit mot de ce qui s'était passé à ses mamelouks. Quant à l'émir Rukn al-Dīn Baybars al-Bunduqdārī, il eut peur pour lui-même et abandonna le service d'al-Malik al-Nāṣir pour se rendre sur le littoral où il demeura parmi les Šahrazūrīya. Lorsqu'il eut obtenu des garanties du souverain du Caire et reçu son serment, il s'y rendit.

Il dit : quelques jours plus tard, on apprit que Hūlāgū avait pris la citadelle de Ḥarrān, s'était emparé des possessions d'al-Malik al-Nāṣir en territoire d'Orient, et avait décidé de franchir l'Euphrate et d'assiéger Alep. Une grande peur saisit alors al-Nāṣir, les émirs et les notables de son Etat qui furent tous d'avis d'envoyer leurs femmes, leurs enfants et leurs biens en Egypte, et de rester seuls. Al-Nāṣir se rangea à leur avis. En effet, il ne les contredisait jamais et s'en remettait à eux car c'était des cheikhs mûris par l'expérience qui agissaient toujours au mieux de son intéret et du leur. Les émirs Qaymarīya envoyèrent donc au Caire leurs femmes, leurs enfants, leurs trésors et leurs biens et chacun fit accompagner son harem d'un détachement de soldats ; ceux-ci emmenèrent également leurs femmes et leurs enfants. L'armée se trouva ainsi dispersée et dissoute ; la protection en fut plus réduite, et libre cours fut laissé à la convoitise de chacun. Il ne resta plus auprès d'al-Malik al-Nāṣir et des émirs qu'un petit nombre de personnes.

L'historien dit : Hūlāgū et l'armée tatare quittèrent Ḥarrān et atteignirent l'Euphrate. Ils prirent la citadelle d'al-Bīra, et s'emparèrent de ceux qui s'y trouvaient. Al-Mālik al-Saʿīd b. al-Malik al-ʿAzīz b. al-Malik al-ʿĀdil b. Ayyūb y avait été retenu prisonnier par al-Malik al-Nāṣir durant une longue période de près de neuf ans. Hūlāgū le tira de prison, le traita généreusement, et rédigea un firman lui (remettant) Bāniyās, sa citadelle, connue sous le nom d'al-Ṣubayba [2], et tous les territoires qu'il avait gouvernés en Syrie.

1. Sur les *silāḥdārīya*, commandés par un *amīr silāḥ* (grand maître des armes), qui portaient les armes du sultan lors de ses apparitions en public, cf. Ayalon, « Studies », III, 60 et Gaudefroy-Demombynes, LVII.

2. Sur al-Ṣubayba, la forteresse qui protège Bāniyās, cf. Le Strange, *Palestine*, 419 et *Aʿlāq* (L.P.J.), 139.

Année 658 / 18 décembre 1259-5 décembre 1260 [1]

En muḥarram de l'année 658 / 18 décembre 1259-16 janvier 1260, Hūlāgū campa avec son armée devant la ville d'Alep, l'assiégea durement pendant une dizaine de jours et s'en empara de vive force à la fin de ce mois [2]. On dit que le *ra'īs* d'Alep, Ṣafī al-Dīn, beau-père d'al-Zayn al-Ḥāfiẓī [3], leur avait ouvert les portes de la ville. Les troupes tatares y pénétrèrent et massacrèrent un nombre incalculable d'habitants et de gens de la région qui s'y étaient rassemblés, au point qu'il n'y eut, dit-on, ni à Bagdad ni dans aucune ville d'Iran, un nombre aussi élevé de morts. Les rues et les souks se remplirent de cadavres si bien que, ne pouvant trouver d'endroit où il n'y en eut pas, les soldats tatars et leurs chevaux marchaient dessus. Ils firent prisonniers plus de cent mille femmes et enfants dont la plupart furent vendus dans le pays des Francs ainsi que dans le pays des Arméniens, (ou) emmenés dans les îles de la mer Méditerranée. Il y avait parmi eux nombre de filles de rois, d'émirs et de riches notables d'Alep dont l'armée tatare prit les biens, les enfants et les trésors, amassant ainsi un énorme butin. Puis ils assiégèrent la citadelle d'Alep, et la prirent par capitulation (*bi l-amān*) le 10 ṣafar de cette même année / 26 janvier 1260. Tous les trésors qui s'y trouvaient furent saisis ; les fils d'al-Malik al-Nāṣir, ses serviteurs et ses servantes, ses proches et les membres de sa famille furent faits prisonniers ; la citadelle et les murs de la ville furent détruits. Mu'ayyad al-Dīn b. al-Qifṭī [4], vizir d'Alep, se rendit auprès de Hūlāgū qui, selon son habitude et ses principes, le

1. Aux sources indiquées par Cahen, « al-Makīn », 125-126, on peut ajouter Ibn Kaṯīr, XIII, 219-221 ; Baybars al-Manṣūrī, *Tuḥfa*, 43-46 ; Ibn al-Dawādārī, VIII, 49-66 ; Maqrīzī, *Sulūk*, I, 2, 422-442, trad. Quatremère, I, 1, 90-115 ; Rašīd al-Dīn, Quatremère, 332-337 (siège d'Alep), 338-341 (reddition de Damas), 340-353 (marche sur la Syrie et défaite de 'Ayn Ǧālūt), 353-359 (meurtre d'al-Malik al-Nāṣir), 375-379 (prise de Mārdīn).

2. Sur la prise d'Alep par les Mongols, cf. A.-M. Eddé, « La prise d'Alep par les Mongols en 1260 », dans *Quaderni di Studi Arabi*, n° 5-6, Venise,1987-88, 226-240.

3. Ṣafī al-Dīn Ibn Ṭurayra appartenait à une famille alépine où l'on était *ra'īs* de père en fils depuis le VIe/XIIe siècle. Cf. Ibn Abī Uṣaybi'a, 668, qui précise que Zayn al-Dīn al-Ḥāfiẓī avait épousé la fille du *ra'īs*. Sur son père, Ṣafī al-Dīn Ṭāriq, nommé *ra'īs* en 570/1174, cf. Ibn al-'Adīm, *Zubda*, III, 18, 48, 71. Sur la fonction de *ra'īs* cf. E. Ashtor, « L'administration urbaine en Syrie médiévale », *Rivista degli studi orientali*, XXXI, 1956, 73-128, pp. 92-111 ; Cl. Cahen, « Mouvements populaires et autonomismes urbains dans l'Asie musulmane du Moyen-Age », *Arabica*, V, 1958, 225-250 (notamment p. 247-248), et VI, 1959, 25-56 (notamment p. 53-54).

4. A ne pas confondre avec son frère Ǧamāl al-Dīn (m. 646/1248-9), vizir comme lui et auteur d'un célèbre dictionnaire biographique. Cf. Yūnīnī, *Ḏayl*, I, 426-428 ; Ibn al-Ṣuqā'ī, n° 58.

confirma dans ses fonctions. De même, al-Malik al-Muʿaẓẓam Tūrānšāh b. Ṣalāḥ al-Dīn [1] alla auprès de Hūlāgū qui, voyant son grand âge, lui épargna tout châtiment et lui laissa la vie sauve. Mais il mourut quelques jours plus tard, et le vizir, Muʾayyad al-Dīn, mourut aussi.

/ 172 / L'historien dit : sur ces entrefaites al-Malik al-Ẓāhir abandonna le service de son frère al-Malik al-Nāṣir, souverain de Syrie, car il lui avait demandé en vain la citadelle de Ṣarḫad. Il rejoignit les Šahrazūrīya, et resta auprès d'eux ; ceux-ci le prirent pour sultan et désormais ils chevauchèrent à son service. Lorsqu'al-Malik al-Nāṣir apprit cela, il envoya un messager auprès de son frère pour l'apaiser et il lui remit la citadelle de Ṣarḫad. Al-Ẓāhir s'y rendit, en prit possession et y demeura.

Il dit : lorsqu'al-Malik al-Nāṣir apprit que Hūlāgū s'était emparé de la citadelle et de la ville d'Alep, alors qu'il croyait dix années nécessaires pour en faire la conquête, il fut terrifié. La situation devenant très difficile pour lui, il consulta les émirs, qui lui conseillèrent de se rendre à Gaza et d'écrire à al-Muẓaffar, souverain du Caire, pour lui demander de le secourir et de venir avec son armée ; ainsi tous deux pourraient s'entendre afin d'affronter Hūlāgū, de le combattre et de sauver le pays de son emprise. (Tous) ceux qui se trouvaient à Birza partirent au milieu de ṣafar 658 (13 ṣafar 658 / vendredi 29 janvier 1260), le vendredi après la prière, laissant la ville de Damas vide de troupes ; du haut des remparts, les habitants les critiquaient, les insultaient et les maudissaient en criant : « Vous nous avez laissés en pâture aux Tatars, que Dieu vous exclue de son salut ! »

Il dit : al-Malik al-Nāṣir avait organisé le départ de sa femme, fille de ʿAlāʾ al-Dīn, souverain des Rūm, de leur fils, de ses sœurs, avec leurs servantes, leurs biens, et leurs joyaux ; (il avait l'intention) de les envoyer dans l'une des forteresses de Syrie ; mais il changea d'avis et les emmena avec lui pour leur faire gagner l'Egypte. Toutes les femmes des émirs et des soldats qui avaient tardé (à quitter) Damas partirent avec eux, ainsi que la suite et les *ġulām* d'al-Malik al-Nāṣir. La location [2] d'un chameau atteignit 700 dirhams d'argent pur (*nuqra*) [3]. Les peines et les difficultés de la route furent indescriptibles, car c'était une période de grand froid. Il tomba de très fortes pluies, et la boue se répandit partout faisant glisser et tomber les chameaux ; les femmes furent déshonorées par les paysans et les habitants de la région dérobèrent les étoffes et les effets que (les voyageurs) transportaient ou

1. Cf. *supra*, p. 92 et n. 4.
2. Traduction d'après les mss. Laleli et Laud : *kirāʾ*.
3. Cf. Ashtor, *Prix et salaires*, 121 et 276.

avaient sur eux en grande quantité. Les épreuves qui les accablèrent furent nombreuses et considérables.

L'historien dit : ainsi prit fin, ce jour-là, le royaume d'al-Nāṣir, souverain de Damas, de la Djéziré et d'Alep. Ce fut le dernier des souverains ayyoubides de Syrie. Il avait régné sur Alep et la Syrie vingt-trois ans et sept mois, dont une période de dix ans moins cinquante jours sur Damas. Son règne s'acheva quarante-quatre jours après la fin de l'année 657 de l'hégire, ce qui correspond à l'an solaire du monde 6651 [1], cinq mois et quatorze jours.

L'historien dit : au matin de la nuit durant laquelle al-Malik al-Nāṣir avait quitté Damas, c'est-à-dire la nuit du vendredi de la mi-ṣafar / 29 janvier 1260, je partis pour la ville de Tyr avec un certain nombre de secrétaires d'al-Malik al-Nāṣir. En effet, nous avions peur pour nous-mêmes craignant que ses mamelouks nous prennent nos montures et nos affaires, nous jettent sur les chemins et nous y laissent mourir. J'avais, d'ailleurs, dès muḥarram de cette année / 18 décembre 1259-16 janvier 1260, envoyé femmes et enfants à Tyr, avec la permission d'al-Malik al-Nāṣir. Un grand nombre de chrétiens damascains avaient pris avec eux [2] la même direction avec femmes et enfants, par crainte des Tatars. Nous restâmes à Tyr cinq mois et quelques jours, puis rentrâmes à Damas.

Cette année-là, un certain nombre de Francs d'Occident parmi les charlatans [3] des îles de la Mer arrivèrent à Acre et racontèrent que le ciel avait fait tomber sur eux une pluie de sable rouge. Ils étaient dévêtus et tenaient à la main des fouets avec lesquels ils se flagellaient ; ils disaient que cela était arrivé en raison du grand nombre de leurs fautes et de leurs péchés [4].

L'historien dit : la nuit durant laquelle al-Malik al-Nāṣir avait quitté Damas, c'est-à-dire la nuit du vendredi de la mi-ṣafar / 29 janvier 1260, **/ 173 /** al-Malik al-Ašraf Mūsā b. al-Malik al-Manṣūr, maître de Homs, s'enfuit de Damas et alla se mettre au service de Hūlāgū qui

1. 6651 est bien évidemment une erreur pour 6751, l'an du monde 6751 commence le 29 août 1258 et se termine le 29 août 1259.

2. *Minhum* dans le ms. Laleli et l'édition, que nous avons corrigé en *ma'ahum* pour respecter la construction et la cohérence de la phrase.

3. Le sens du mot *ḥuwā* ou *ḥiwā ǧazā'ir al-baḥr* ne nous est pas clair. Nous avons retenu, sans certitude, l'un des sens donnés par les dictionnaires (charlatans, charmeurs de serpents, sorciers, efféminés). Il est certain que les flagellants devaient paraître aux yeux d'al-Makīn et de ses contemporains comme des personnages marginaux et anormaux.

4. Sur le mouvement des flagellants, qui est né dans la région de Pérouse en 1260 et s'est répandu dans tout l'Occident chrétien, cf. en particulier G. Dickson, " The flagellants of 1260 and the Crusades ", *Journal of Medieval History*, 15, 1989, 227-267.

était alors devant Alep. Quant à al-Malik al-Manṣūr b. al-Malik al-Muẓaffar, maître de Hama, il partit pour Le Caire avec son harem, ses enfants et ses biens ; il laissa à Hama Šuǧā' al-Dīn Muršid [1], auquel il recommanda d'amadouer les Tatars. Celui-ci agit de la sorte, si bien que les Tatars ne s'en prirent aucunement, ni à la ville ni à ses habitants.

L'historien dit : ce même jour, c'est-à-dire le vendredi de la mi-ṣafar, al-Zayn al-Ḥāfiẓī vint à Damas et en fit fermer les portes. Al-Malik al-Nāṣir lui fit demander de le rejoindre, mais lui refusa de sortir, réunit les notables de Damas, et convint avec eux de remettre la ville aux lieutenants de Hūlāgū, afin d'éviter que le sang de ses habitants ne fût versé. Ils la remirent donc à Faḫr al-Dīn al-Mardaġānī, au fils du prince d'Arzan et au *šarīf* 'Alī [2]. Ceux-ci étaient venus de la part de Hūlāgū, qu'ils informèrent ensuite de ce qui s'était passé. Une fois que ses *ġulām* lui eurent confirmé la nouvelle (de la reddition de Damas), Hūlāgū envoya Balabān al-Sarī et 'Alā' al-Dīn al-Kāzī al-'Aǧamī, avec un détachement de Tatars et de Persans, pour être ses lieutenants à Damas. Il leur ordonna de suivre les conseils d'al-Zayn al-Ḥāfiẓī et leur recommanda de bien traiter la population de la ville et de ne s'en prendre à aucun habitant, serait-ce pour un dirham.

Il dit : sur ces entrefaites, Hūlāgū apprit que son frère Mankū Qān (Möngke), grand roi des Tatars, était mort dans les terres de l'intérieur au cours de l'année 657 / 29 décembre 1258-17 décembre 1259 [3]. Après lui, ses frères, Arībukā [4] et Qubilāy, se disputèrent le titre de *qān*. Qubilāy était le plus âgé et Arībukā le plus jeune. Néanmoins, Mankū Qān, lorsqu'il était parti en expédition contre la Chine (al-Ḫaṭā), avait désigné Arībukā comme lieutenant du qanat — on dit aussi du khanat —. A sa mort Arībukā convoita le qanat invoquant le fait qu'il en avait été le lieutenant. Une fraction de l'armée prit parti pour lui, et l'autre pour Qubilāy. Ils se livrèrent alors de violents combats qui se soldèrent par la défaite d'Arībukā et de ses partisans. Fait prisonnier, celui-ci fut conduit devant son frère Qubilāy, qui voulut le

1. L'eunuque Šuǧā' al-Dīn Muršid (m. 669/1270-1), connu pour son courage et sa générosité. Cf. Ibn al-Ṣuqā'ī, n° 216 (dans la traduction il convient de remplacer Alep par Hama lignes 15 et 20) et *Mufarriǧ*, 1703, 150 r°-150 v°.

2. Faḫr al-Dīn al-Mardaġānī ou al-Mardaġā'ī comme dans Maqrīzī, *Sulūk*, I, 2, 424, trad. Quatremère, I, 1, 97 (Merdegaï). Le fils du maître d'Arzan al-Rūm (Erzerum), ville sous contrôle mongol depuis 639/1242, avait déjà joué un rôle dans les négociations avec Tūrānšāh à Alep (*Mufarriǧ*, 1703, 149 r°).

3. La mort de Möngke Khān eut lieu en août 1259. Cf. *E.I.* 2, « Möngke » (D.O. Morgan).

4. Sur la forme du nom Arībukā ou Arīq-Būġā, cf. Pelliot, *Notes*, 55-57. Sur la guerre civile entre les deux frères, Arīq-Būġā et Qubilāy, et la victoire de ce dernier en 1264, cf. Morgan, 117 et Spuler, 56, 61, 257.

tuer, mais les notables lui conseillèrent de l'épargner car il était son frère. Aussi l'envoya-t-il dans une forteresse où il fut enfermé ; il y mourut quelque temps après. On dit que Qubilāy avait envoyé secrètement quelqu'un le tuer. C'est ainsi que Qubilāy conserva le qanat. Lorsque Hūlāgū apprit ces nouvelles, il quitta Alep pour retourner en Iran et envoya Kitbūġā avec une importante armée vers Damas et la Syrie, lui confiant les habitants et la garde du territoire, face aux Francs. Il envoya avec lui al-Malik al-Saʿīd b. al-Malik al-ʿAzīz, maître de Bāniyās, qu'il lui recommanda, en lui ordonnant de lui remettre ses (anciens) territoires. Ils arrivèrent à Damas, et y restèrent peu de temps. Al-Zayn al-Ḥāfiẓī préleva sur les Damascains une forte somme d'argent avec laquelle il acheta des vêtements en tissus *ʿattābī*, *ḫārā*, *ḫaṭāʾī* (chinois) et *qassī* [1] et les offrit en grand nombre à Kitbūġā, à Baydara [2], et aux émirs commandants en chef qui étaient venus avec lui. De plus il leur faisait porter chaque jour le repas de l'hospitalité que les Tatars appellent le *ṭarġū* et qui est composé de moutons rôtis, de grands pains, de vin, etc. Ensuite, ils partirent pour Marǧ Barġūṯ [3] où ils séjournèrent. Les Francs en eurent très peur, fortifièrent leurs territoires et apportèrent à Kitbūġā de nombreux cadeaux et présents. Il exigea d'eux la destruction des remparts de leurs villes et de leurs citadelles, mais ils s'y refusèrent.

Il dit : quand al-Malik al-Ẓāhir, frère d'al-Malik al-Nāṣir, apprit l'arrivée de Kitbūġā dans la région, il quitta la citadelle de Ṣarḫad pour aller se mettre à son service emportant des présents et des cadeaux somptueux. Kitbūġā lui ordonna de retourner à Ṣarḫad et d'en détruire les remparts, puis de revenir auprès de lui.

L'historien dit : quelques jours plus tard, al-Malik al-Ašraf, maître de Homs, arriva de chez Hūlāgū avec **/ 174 /** un diplôme (*marsūm*) qui le faisait lieutenant du sultanat (*nāʾib al-salṭana*) à Damas et en Syrie ; il se rendit auprès de Kitbūġā à Marǧ Barġūṯ, et lui présenta le

1. Le *ʿattābī* est une étoffe de soie très estimée fabriquée à Bagdad. Cf. M. Lombard, *Les textiles dans le monde musulman, VII-XIIe s.*, Paris, 1978, 90 et 92. Le *ḫaṭāʾī* est un tissu d'origine chinoise. Le *qassī* ou *qissī* est un tissu de lin mélangé de soie fabriqué en Egypte ; il est ainsi appelé d'après la ville de Qass entre al-ʿArīš et Faramā. Nous n'avons pa pu identifier le tissu appelé *ḫārā* ; peut-être faudrait-il lire *buḫārī*, tissu de coton ou de lin d'une grande finesse fabriqué à Bukhara (cf. Lombard, 247).

2. Le général Baydarā (Baydara dans al-Makīn) combattit aux côtés de Kitbūġā à ʿAyn Ǧālūt. Il survécut à la défaite mongole (cf. *infra*, p. 120) et commanda les troupes tatares à la fin de cette même année 658/1260, lorsqu'elles prirent une deuxième fois possession d'Alep. Cf. Ibn al-Ṣuqāʿī, n° 79 et Ibn al-Dawādārī, 65, 67, 68. Spuler, 356, le donne comme gouverneur de Damas aux côtés de Kitbūġā.

3. Dans les environs de Damas. Le Marǧ est un terme qui, à Damas, désigne la prairie entre la Ġūṭa, les marais et la steppe désertique. Certaines parties du Marǧ ont des noms particuliers.

diplôme de Hūlāgū. Kitbūġā fit dire aux lieutenants de Damas de s'entendre avec lui au mieux des intérêts de la principauté. Les (chefs des) bureaux (*dawāwīn*) et les lieutenants se rendaient de temps en temps auprès de lui pour le consulter sur les affaires importantes.

Ensuite le gouverneur de la citadelle de Damas, Badr al-Dīn Muḥammad b. Qarīǧāh [1], et le *naqīb*, Ǧamāl al-Dīn b. al-Ṣayrafī [2], se révoltèrent et fermèrent les portes de la citadelle. On rapporte qu'al-Malik al-Nāṣir leur avait fait dire de garder la citadelle, car il arrivait avec son armée. Lorsque Kitbūġā apprit cette rébellion, il vint avec ses troupes de Tatars et assiégea la citadelle. Les combats durèrent quelques jours, puis la citadelle fut remise en échange de la vie sauve. Al-Zayn al-Ḥāfiẓī écrivit à Hūlāgū pour l'informer de ces faits et celui-ci envoya à Kitbūġā un rescrit (*marsūm*) ordonnant l'exécution de Badr al-Dīn Muḥammad b. Qarīǧāh et du *naqīb* Ǧamāl al-Dīn pour cause de révolte. Kitbūġā prescrivit à al-Zayn al-Ḥāfiẓī de les tuer de sa main, puisque c'était lui qui avait informé Hūlāgū de leur rébellion, et il les tua lui-même à Marǧ Barġūṯ.

Puis Kitbūġā envoya à Naplouse Ḥusām al-Dīn Kušlū Ḫān [3] avec un détachement de Tatars ; il s'y rendit. L'émir Muǧīr al-Dīn Ibn Abī Zakarī [4] (y) exerçait la fonction de lieutenant du sultanat (*nā'ib al-salṭana*). Quand il apprit l'arrivée des Tatars, il partit à cheval, accompagné de l'émir Nūr al-Dīn b. al-Akta' [5], de l'émir Faḫr al-Dīn 'Uṯmān b. Dirbās al-Miṣrī [6] et d'un détachement de l'armée. Mais Kušlū Ḫān les rencontra dans l'oliveraie de Naplouse, et les tua tous. Les Tatars entrèrent alors à Naplouse dont ils massacrèrent une partie de la population.

L'historien dit : al-Malik al-Nāṣir et les émirs qui étaient avec lui apprirent ces événements alors qu'ils demeuraient dans la ville de Gaza attendant le secours du souverain du Caire. La peur les poussa

1. Le nom de ce personnage est incertain : Qarīǧār dans Abū Šāma, 203, Qaliǧār dans *Mufarriǧ*, 1703, 152 v°, et Farīǧār dans Yūnīnī, *Ḏayl*, I, 351, 354-355 et II, 238.

2. *Naqīb al-qal'a* dans *Mufarriǧ*, 1703, 159 r°, c'est-à-dire probablement ici le commandant en second de la citadelle, après le gouverneur.

3. Kušlū Ḫān, ancien chef khwārizmien, était allé se mettre au service des Mongols après la défaite qu'avaient infligée aux Khwārizmiens al-Manṣūr de Homs et l'armée d'Alep en 644/1246. Cf. *Mufarriǧ*, V, 358-359 et supra, p. 64 et n. 4 ; p. 80.

4. Ibrāhīm b. Abī Bakr b. Abī Zakarī, émir kurde, fut d'abord au service d'al-Ṣāliḥ Ayyūb en Egypte, puis après sa mort et l'assassinat de son fils Tūrānšāh, il passa au service d'al-Nāṣir Yūsuf en Syrie. Il était connu pour sa bonne conduite, sa piété et son amour des lettres. Cf. Yūnīnī, *Ḏayl*, II, 8-9.

5. Cf. *supra*, p. 94 et n. 2.

6. Cf. *Mufarriǧ*, 1703, 150 v° : Ibn Wāṣil ajoute que cet émir était aussi poète.

à pénétrer dans le désert (*al-raml*), et ils arrivèrent à Qaṭyā [1] d'où al-Malik al-Nāṣir envoya au Caire sa femme, (originaire) de Rūm, leur fils, ses sœurs, et leur suite. Lorsqu'al-Malik al-Muẓaffar Quṭuz, souverain du Caire, apprit qu'al-Malik al-Nāṣir et ses troupes avaient pénétré dans le désert (*al-raml*), il pensa que c'était une ruse employée pour entrer au Caire et s'en emparer. Il se trouvait alors à al-Ṣāliḥīya [2], à la frontière de son pays. Il écrivit aux émirs d'al-Malik al-Nāṣir, à toute son armée, aux Šahrazūrīya, et aux autres, leur promettant ses faveurs s'ils venaient à lui. Ils arrivèrent alors les uns après les autres, laissant al-Nāṣir à Qaṭyā ; il ne resta auprès de lui que son fils al-ʿAzīz Muḥammad, al-Malik al-Ṣāliḥ, (fils du) maître de Homs [3], l'émir Nāṣir al-Dīn al-Qaymarī [4], son frère Šihāb al-Dīn, et son cousin Šihāb al-Dīn b. Ḥusām al-Dīn [5] car ils craignaient que le souverain du Caire (n'attentât) à leur vie. Cette situation renforça les convoitises des Šahrazūrīya, qui pillèrent les populations, se saisirent des bagages et des biens des émirs, dérobèrent nombre de choses, puis se dirigèrent vers Le Caire.

Al-Malik al-Muẓaffar retourna dans sa capitale et monta à la Citadelle de la Montagne. Quelques jours plus tard il arrêta Ǧamāl al-Dīn b. Yaġmūr et le fit enfermer dans cette citadelle. Il tourmenta tous les *ġulām* et les secrétaires d'al-Malik al-Nāṣir qui étaient venus à lui et se saisit de leurs biens. Puis il envoya au Palais (*al-Dār*) la femme d'al-Malik al-Nāṣir (originaire) de Rūm, et il exigea d'elle tous les joyaux et trésors d'al-Malik al-Nāṣir qu'elle avait, et qu'elle dut lui céder. Mais il ne lui réclama aucune de ses étoffes ni aucun de ses effets personnels. Puis, il exigea les biens des femmes des émirs Qaymarīya et fit monter à la citadelle la femme de Nāṣir al-Dīn al-Qaymarī qu'il maltraita jusqu'à obtenir tout l'argent qu'elle possédait.

Quant à al-Malik al-Nāṣir, il retourna en Syrie avec ceux que nous avons mentionnés plus haut [6], chacun n'ayant plus qu'un seul cheval. Ils se dirigèrent vers al-Šawbaq, puis vers al-Karak. Al-Malik al-Muġīṯ, maître d'al-Karak, fit demander à al-Malik al-Nāṣir de

1. Localité sur la route d'al-ʿArīš à al-Qantara, à une vingtaine de km au sud-est de Faramā. Cf. Halm, II, 765 et *The Times Atlas of the World*, carte 86, J 5.

2. Ville construite par le sultan al-Ṣāliḥ Ayyūb (638-647/1240-1249), à une cinquantaine de km au nord-est d'al-ʿAbbāsa, sur la route de la Syrie. Cf. Maspero-Wiet, 124 ; Halm, II, 673-674 et carte 38 ; Guest, carte.

3. Al-Ṣāliḥ Nūr al-Dīn Ismāʿīl b. al-Muǧāhid, exécuté en 658/1260 par Hūlāgū en même temps qu'al-Nāṣir. Cf. *infra*, p. 122-123.

4. Al-ʿAzīzī dans l'éd. et le ms. Laleli, correction d'après le ms. B, 216 v°.

5. Sur ces émirs kurdes Qaymarīya, cf. *supra*, p. 90 et 92.

6. Le ms. B (216 v°) insère ici : « les trésors, les biens, les tentes et les montures furent pillés. »

monter à la citadelle et de demeurer chez lui, mais celui-ci refusa ; avec ses compagnons, il partit pour al-Balqā' et demeura à la limite de cette région. **/ 175 /** Alors Ḥusayn le Kurde [1] se rendit auprès de Kitbūġā et lui demanda de lui remettre le village (*ḍay'a*) de Ḥaḍr al-Ḥawlān [2], en échange de quoi il lui révèlerait l'endroit où se trouvait al-Malik al-Nāṣir et l'y conduirait. Un firman lui fut rédigé pour ce village et il indiqua le lieu [3]. Sur le champ, Kitbūġā monta en selle accompagné d'un détachement de l'armée tatare et de Ḥusayn le Kurde. Il rejoignit al-Malik al-Nāṣir et se saisit de lui, de son fils al-'Azīz, d'al-Ṣāliḥ fils du maître de Homs, des émirs Qaymarīya, et de tous ceux qui les accompagnaient. Al-Malik al-Ẓāhir, frère d'al-Malik al-Nāṣir, s'était rendu à la citadelle de Ṣarḫad pour la démanteler selon l'ordre de Kitbūġā ; ce dernier le fit venir, et l'envoya à Hūlāgū avec al-Malik al-Nāṣir, son fils (al-'Azīz), et le fils du maître de Homs, escortés par un détachement tatar. Quant aux émirs Qaymarīya, il les fit enfermer dans la citadelle de Damas.

Il dit : cette année-là, Hūlāgū envoya une importante armée investir Mārdīn. Le siège fut très dur, la peste et la mort s'abattirent sur les habitants, la plupart d'entre eux moururent, notamment le maître de la ville, al-Malik al-Sa'īd [4]. Son fils, al-Malik al-Muẓaffar, descendit de la citadelle, et la livra aux lieutenants de Hūlāgū. Il alla se mettre à son service et lui promit obéissance. Hūlāgū lui réclama les émirs qui avaient été au service de son père ainsi que les notables du royaume ; al-Muẓaffar les fit venir auprès de Hūlāgū qui les tua tous sans exception. Alors Hūlāgū donna Mārdīn et tout son territoire à al-Malik al-Muẓaffar lui ordonnant de détruire les murs de la citadelle ; il lui donna, en outre, Niṣībīn, Dārā, Ra's al-'Ayn, le Ḫābūr, et tous leurs territoires. Il lui imposa un tribut annuel de cinquante mille dirhams. Et telle est encore aujourd'hui la situation.

Il dit : au mois de ramaḍān 658 / 10 août-8 septembre 1260, al-Malik al-Muẓaffar Quṭuz, souverain du Caire, se mit en route avec toutes les troupes d'al-Malik al-Nāṣir qui l'avaient rejoint, (renforcées

1. Ḥusayn le Kurde, qui était *ṭabardār* c'est-à-dire porte-hache. Cf. *Mufarriǧ*, 1703, 154 r°-v°. Sur cette fonction, cf. Quatremère, *Sulūk*, I, 1, 100 (d'après Dozy) et Gaudefroy-Demombynes, XCVII.

2. Il s'agit probablement de Ḥaḍr al-Ǧawlān. En effet, Ḥaḍr est une localité située entre Bāniyās et Damas, au nord de la région du Golan (Ǧawlān). Cf. Dussaud, *Topographie*, 392, carte I, D 1.

3. Le ms. B (216 v°) donne une version différente : « al-Malik al-Nāṣir envoya son *ġulām* Ḥusayn le Kurde porte-hache (*ṭabardār*) auprès de Kitbūġā pour lui demander la vie sauve. »

4. Sur ce prince artuqide de Mardīn et sur son fils al-Muẓaffar (m. 691/1291-2), cf. Yūnīnī, *Ḏayl*, I, 378-379 ; *A'lāq* (Djéziré), 559-570 ; *E.I.* 2, « Mardīn » (V. Minorsky).

par) les Turcomans et les Šahrazūrīya qui s'étaient regroupés autour de lui, afin de combattre Kitbūġā et ses Tatars, et de délivrer les territoires en leur possession. Kitbūġā, l'ayant appris, alla à sa rencontre avec ses troupes. L'affrontement entre les deux armées eut lieu à ʿAyn Ǧālūd dans le pays de Kanʿān à proximité de Baysān [1]. Le combat fut d'une extrême violence, al-Muẓaffar Quṭuz chargea en personne, suivi de l'armée musulmane, et Dieu lui donna la victoire sur les Tatars, qui furent écrasés. Kitbūġā trouva la mort dans la bataille, de même qu'un nombre incalculable de Tatars. Les musulmans s'emparèrent (des survivants), faisant prisonniers en grand nombre les Tatars et leurs femmes. Parmi eux se trouvaient le fils et le frère de Kitbūġā, Quṭlū-Qīmuš et Qibǧaq, ainsi que la femme de Kitbūġā, et nombre de notables. Le butin amassé fut considérable. La déroute mongole eut lieu le vendredi 25 ramaḍān 658 / 3 septembre 1260. Baydara s'enfuit avec un détachement de Tatars, et se rendit auprès de Hūlāgū qu'il informa de tout cela.

Al-Malik al-Saʿīd b. al-Malik al-ʿAzīz, maître d'al-Ṣubayba, était dans l'armée tatare avec Kitbūġā. Quand il fut sûr de la défaite, il s'enfuit vers le souverain du Caire. Mais celui-ci, ayant appris qu'il s'était habillé à la manière des Tatars, qu'il avait bu du vin au mois de ramaḍān, et transgressé les règles de l'islam, ordonna de le tuer, et al-Saʿīd fut exécuté sur le champ. Al-Zayn al-Ḥāfiẓī et les lieutenants tatars se sauvèrent de Damas dans la nuit du dimanche 27 ramaḍān / 5 septembre 1260. Les Tatars avaient ainsi tenu Damas et la Syrie sept mois et dix jours. Il ne resta plus aucun de leurs lieutenants dans la ville de Damas.

Le peuple de Damas se retourna contre les chrétiens, en massacra un grand nombre, pilla leurs maisons, leurs biens et leurs trésors, arracha les boiseries et démolit les murs des maisons. Puis l'église de Marie [2] fut détruite et incendiée, tout ce qui s'y trouvait fut emporté ; les autres églises furent saccagées, et il en alla ainsi jusqu'aux premières heures du mardi. C'est alors qu'arriva l'émir Ǧamāl al-Dīn

1. ʿAyn Ǧālūd ou ʿAyn Ǧālūt (Source de Goliath), village situé entre Baysān et Naplouse. Cf. Le Strange, *Palestine*, 386, 461 et *E.I.* 2, « ʿAyn Djālūt » (B. Lewis). Sur le Wādī et le Ǧabal Kanʿān (Canaan), cf. Le Strange, *Palestine*, 462, 477. Tous les ouvrages traitant de cette période consacrent un développement à cette importante victoire remportée par les Mamelouks sur les Mongols. Cf. la mise au point de P. Thorau, « The battle of 'Ayn Jālūt : a re-examination », dans P. W. Edbury (ed.), *Crusade and Settlement*, Cardiff, 1985, 236-241.

2. Sur l'église de Marie, la plus importante des églises de Damas à cette époque, cf. Ibn ʿAsākir, *Description de Damas*, 222 et n. 5.

al-Muḥammadī al-Ṣāliḥī [1] avec un diplôme (*marsūm*) d'al-Malik al-Muẓaffar Quṭuz. Il entra dans Damas, **/ 176 /** s'installa au Palais de la Félicité (Dār al-Saʿāda) [2], apaisa la population, et la ville retrouva son calme.

Al-Malik al-Muẓaffar Ṣayf al-Dīn Quṭuz parvint avec ses troupes aux abords de Damas, le mercredi à la fin de ramaḍān / 8 septembre 1260. Il campa à al-Ǧawrah [3], où il célébra la fête de la rupture du jeûne. Puis il entra à Damas le 2 šawwāl / 10 septembre 1260, pénétra dans la citadelle, s'empara du pays et y régna. Il envoya ses lieutenants à Homs et à Alep, et exerça le pouvoir sur toutes les provinces syriennes, de l'Euphrate aux frontières de l'Egypte (Miṣr). Il confirma leurs concessions (*aḫbāz*) à un certain nombre (d'émirs) de l'armée syrienne passés à son service ; quant aux concessions (*aḫbāz*) des Qaymarīya, d'Ibn Yaġmūr, et de ceux qui avaient abandonné son service, il les donna en *iqṭāʿ* à des émirs Ṣāliḥīya, Muʿizzīya ou autres, qui l'avaient accompagné (en Syrie). Par des diplômes (*manāšīr*), il donna également en *iqṭāʿ* le territoire d'Alep, et y envoya al-Malik al-Muẓaffar, fils du maître de Mossoul [4], comme lieutenant du royaume (*nāʾib al-mamlaka*). Quant à al-Malik al-Manṣūr, maître de Hama, qui était venu du Caire avec lui, il retourna dans son territoire. Puis al-Malik al-Ašraf, qui s'était enfui vers la citadelle de Palmyre lors de la défaite des Tatars, fit demander la vie sauve à al-Malik al-Muẓaffar Quṭuz, qui la lui accorda, lui rendit son pays [5], et ne s'en prit à lui en aucune manière. Ensuite, Quṭuz fit étrangler Ḥusayn le Kurde, porte-hache (*ṭabardār*), pour avoir conduit Kitbūġā auprès d'al-Malik al-Nāṣir qui fut ainsi pris avec ses compagnons.

L'historien dit : quelques jours après l'arrivée de Quṭuz à Damas,

1. Ǧamāl al-Dīn Aqūš al-Muḥammadī fut plus tard au service de Baybars qui le nomma, en 663/1264-5, commandant en chef des armées égyptiennes et syriennes. Cf. Ibn ʿAbd al-Ẓāhir, 227-228. Mais accusé de complot en 669/1270-1, il fut alors arrêté par le sultan et libéré quelque temps plus tard. Il mourut en 676/1277-8 au Caire. Cf. Yūnīnī, *Ḏayl*, II, 453 et III, 238.

2. Le Dār al-Saʿāda, au sud de la citadelle, regroupait le Dār al-ʿAdl (Palais de Justice), construit par Nūr al-Dīn, et l'ancienne résidence des princes de Baalbek. Cf. Elisséeff, *N.D.*, III, 846

3. Al-Ḥaṣūra dans l'édition arabe, mais il faut sans doute lire comme dans le ms. B (218 r°) al-Ġawrah, nom d'un jardin situé au nord de la ville, vers l'actuel quartier de Sarūǧa. Cf. Ibn ʿAsākir, *Description de Damas*, 161 n. 4.

4. Cf. *supra*, p. 70 et n. 3. Correction de « maître de Mossoul » en « fils du maître de Mossoul », d'après le ms. B (218 v°).

5. Le ms. B (218 v°) insère ici : « à savoir Homs, al-Raḥba, Palmyre, Tall Bāšir et leurs territoires ».

des hommes du peuple allèrent trouver des pages (*ūšāqīya*) [1] mamelouks d'al-Malik al-Muẓaffar (Quṭuz) ; ils leur firent valoir l'intéret de piller les maisons des chrétiens et ils allèrent les attaquer et les piller. Lorsqu'al-Malik al-Muẓaffar Quṭuz l'apprit, il ordonna de pendre ces mamelouks et ces hommes du peuple ; ils furent tous exécutés, au nombre d'une trentaine. Puis Quṭuz imposa aux chrétiens et aux juifs de Damas un tribut de 150 000 dirhams ; ils s'engagèrent à le payer et rassemblèrent la somme qu'ils lui portèrent. Ceci intervint par l'entremise de l'émir atabeg Fāris al-Dīn Aqṭāy al-Musta'rib al-Ṣāliḥī.

Al-Malik al-Muẓaffar resta à Damas jusqu'à la dernière décade du mois de šawwāl de cette année-là / 28 septembre-7 octobre 1260 ; il nomma lieutenants du royaume (*nuwwāb al-mamlaka*) pour Damas et sa province l'émir 'Alam al-Dīn Sanğar al-Ḥalabī al-Ṣāliḥī [2] et Muğīr al-Dīn Abū l-Hayğā b. Ḫuštarīn le Kurde [3]. Il mit en ordre les affaires du pays, désigna des gouverneurs, des lieutenants et des agents fiscaux (*mušiddūn*) [4], puis retourna en Egypte.

L'historien dit: lorsqu'al-Malik al-Nāṣir, souverain de Syrie, arriva auprès de Hūlāgū, il fut reçu avec honneur et générosité. Hūlāgū lui octroya une pension élevée ; il le faisait asseoir près de lui sur le trône, buvait en sa compagnie, et lui promettait de lui rendre tout son pays. Mais, quand il fut informé de l'expédition de l'armée égyptienne en Syrie et de la déroute de ses propres troupes, quand il apprit que des mamelouks d'al-Malik al-Nāṣir et de son père, émirs ou membres de la garde (*mafārida*) [5], étaient dans les rangs égyptiens, et quand il sut que Kitbūġā et la plupart des Tatars avaient été tués, que les autres avaient été faits prisonniers et que les femmes avaient été enlevées, il fut extrêmement courroucé et quitta sur le champ l'endroit où il se trouvait. Il ordonna de tuer al-Malik al-Nāṣir et tous ses compagnons. Un détachement de Tatars les prit pour les emmener dans les monts de Salamās [6], en Iran, et là, à la fin de šawwāl 658 / début octobre 1260, furent tués al-Malik al-Nāṣir, son frère al-Malik al-Ẓāhir,

1. *Ūšāqīya* ou parfois *Uğāqīya*, mot sans doute d'origine persane qui signifie « page ». Cf. Maqrīzī, *Sulūk*, trad. Quatremère, I, 1, 108 n. 139.

2. Cet émir bahrite (m. 692/1293), se révolta à la mort de Quṭuz contre Baybars et se proclama sultan à Damas sous le nom d'al-Malik al-Muğāhid. Cf. Irwin, 45 et n. 33, et 87 ; Thorau, 94-95.

3. Sur cet émir qui s'était distingué dans la bataille de 'Ayn Ğālūt et qui mourut à Damas en 661/1263, cf. Yūnīnī, *Ḏayl*, I, 544 et II, 222-223.

4. Cf. *supra*, p. 58 et n. 1.

5. D'après Quatremère (Maqrīzī, *Sulūk*, trad. I, 1, 187 n. 66), le mot *mufradī* pl. *mafārida* dérive sans doute de *mufrad* « domaine particulier du prince ». *Les mafārida* étaient probablement des « officiers qui étaient attachés au service particulier du prince ». Cf. aussi Ayalon, « Studies », II, 450 n. 3.

6. Salamās est une localité d'Azerbaïjan. Cf. Yāqūt, *Buldān*, III, 238-239.

al-Malik al-Ṣāliḥ Ismā'īl, (fils du) maître de Homs, et tous les musulmans qui étaient avec eux. Seul échappa au massacre al-Malik al-'Azīz b. al-Malik al-Nāṣir ; Ṭuquz Ḫātūn [1], la femme de Hūlāgū, avait intercédé en sa faveur et il fut épargné grâce à elle.

L'historien dit : lorsqu'al-Malik al-Muẓaffar Quṭuz, souverain du Caire, s'en retourna de Syrie vers l'Egypte, il fut tué à l'étape d'al-Quṣayr à proximité d'al-Ṣāliḥīya sur la frontière égyptienne. En effet, alors qu'il était allé à la chasse avec quelques-uns de ses mamelouks et qu'un certain nombre d'émirs de son Etat s'étaient mis d'accord pour le tuer, ceux-ci chevauchèrent au devant de lui sur le chemin **/ 177 /** de son retour. Anas al-Iṣfahānī [2] s'avança pour lui baiser la main ; il était doué d'une grande force, aussi, le saisissant par la main, il le tira vers lui, et le fit glisser de la selle de son cheval ; les émirs se pressèrent autour de lui, le jetèrent à bas de sa monture, le tuèrent, le samedi 15 ḏū l-qa'da 658 / 22 octobre 1260 et l'enterrèrent à al-Quṣayr. Il avait régné onze mois dix-sept jours, et fini de régner dix mois et demi après la fin de 657 de l'hégire, correspondant à l'an solaire du monde 6752, deux mois et dix jours [3].

Le sultan al-Malik al-Ẓāhir Rukn al-Dīn Baybars al-Bunduqdārī al-Ṣāliḥī lui succéda le jour même. Immédiatement, il se rendit à cheval dans la Citadelle de la Montagne ; il en prit possession et (régna) sur l'ensemble des royaumes d'Egypte (Miṣr) et de Syrie, depuis les territoires de l'Euphrate jusqu'au pays du Soudan. Le Très-Haut l'ait en sa miséricorde !

1. Sur Ṭuquz Ḫātūn, principale épouse de Hūlāgū, favorable aux chrétiens, cf. Rašīd al-Dīn, Quatremère, 92-95.

2. L'émir 'Alā' al-Dīn (ou 'Izz al-Dīn) Anas, mamelouk bahrite. Cf. Ibn al-Dawādārī, VIII, 61 ; Thorau, 80 ; Irwin, 37 et 58 n. 1 et 2.

3. L'an du monde 6752 se termine le 28 août 1260.

ERRATA DU TEXTE ARABE

publié dans le Bulletin d'Etudes Orientales

XV, 1955 - 1957, 127 - 184

الصفحة	السطر	الخطأ	الصواب
129	٢١	كاشغار	كاشغر
131	١٣	النخال	النحال
131	١٧	وصاحب	صاحب
132	١٢	الأيأس	الإياس
132	١٥	بعث	بعثت
135	٢٤	وعمد	وعهد
140	٥	وأخبروه	وأخبره
145	١٦	إلا ... لا	لا ... إلاّ
146	٣٢	فمنعهم	فمنهم
147	٩	بالملك الناصر	للملك الناصر
148	١٠	سنة	ستة
150	٨	منصور	المنصور
150	١٠	مخدمتك	بخدمتك
151	٢٨	صحته	صحبته
152	٨	والتأبّي	والتأنّي
153	٢٩	كشفت	كسفت
155	١٠	قسوراً	قشوراً
155	٢٦	وجميع يتعلّق	وجميع من يتعلّق
156	١١	بن السيخ	بن الشيخ
157	٧	ابن لشيخ	ابن الشيخ
157	٢٧	بن أبي من	بن أبي علي عن
158	١٩	البادرائي	الباذرائي

الصفحة	السطر	الخطأ	الصواب
159	٥	إلا	إلاّ
159	١٤	يشفح	يشفع
159	١٩	الحمدار	الجمدار
159	٢١	الثلث	الثلثاء
161	١٧	مسعود	المسعود
162	٦	تابه	بابه
162	١٥	وجماعة معهم أشاروا	وجماعة منهم وأشاروا
162	١٩	النصر	الناصر
165	١٤	يمثتل	يمتثل
167	٦	وجميعة	وجميعه
169	١٧	وجبنين	وجينين
170	٧	البخيبي	النجيبي
170	١٢	واستخدم	واستخدام
171	٢١	موصغاً	موضعاً
171	٢٤	عنائم	غنائم
172	٢	وسلّطوه	وسلطنوه
172	١١	وأخوته	وأخواته
173	٦	المزدغاني	المردغاني
174	١٥	وإخوانه	وأخواته
176	١٤	الأمين	الأمير
176	١٦	سنجار	سنجر
176	٢٢	المفاردة	والمفاردة
177	٤	تسعة	سبعة
177	٦	البندقدار	البندقداري

BIBLIOGRAPHIE

1. — Sources

Abū Šāma. — Abū Šāma, *Tarāğim riğāl al-qarnayn al-sādis wa l-sābi'*, éd. al-Kawṯarī, Le Caire, 1947.

A'lāq, (Alep) (Damas) (L.P.J.) (S.N.) (Djéziré). — Ibn Šaddād, *al-A'lāq al-ḫaṭīra fī ḏikr umarā' al-Šām wa l-Ğazīra*, éd. D. Sourdel, Damas, 1953 (Alep) ; éd. S. Dahān, 2 vol., Damas, 1956-63 (Damas et Liban, Palestine, Jordanie) ; éd. A.M. Eddé, *Bulletin d'Etudes Orientales*, XXXII-XXXIII, 1980-81 (Syrie du Nord) et trad. *Description de la Syrie du Nord*, Damas, 1984 ; éd. Y. 'Abbāra, 2 vol., Damas 1978 (Djéziré).

Baġdādī, *BEO*, 1970. — Cl. Cahen, « Abdallaṭīf al-Baghdādī, portraitiste et historien de son temps. Extraits inédits de ses mémoires », *Bulletin d'Etudes Orientales*, XXIII, 1970, 101-128.

Baybars al-Manṣūrī, *Tuḥfa*. — Baybars al-Manṣūrī, *Kitāb al-tuḥfa al-mulūkīya fī l-dawla al-turkīya*, éd. A.S. Ḥamdān, Le Caire, 1987.

Cahen, « al-Makīn ». — Cl. Cahen, « La chronique des Ayyoubides d'al-Makīn b. al-'Amīd », *Bulletin d'Etudes Orientales*, XV, 1958, 109-184.

Cahen, « Sa'd al-Dīn ». — Cl. Cahen, « Une source pour l'histoire ayyūbide : les mémoires de Sa'd ad-Dīn Ibn Ḥamawiya Djuwaynī », *Bulletin de la Faculté des Lettres de Strasbourg*, XXVIII, n° 7, 1950, 320-337. Rééd. dans *Les peuples musulmans*, 457-482.

Cahen, « Testament ». — Cl. Cahen et I. Chabbouh, « Le testament d'al-Malik aṣ-Ṣāliḥ Ayyūb », *Mélanges offerts à H. Laoust, Bulletin d'Etudes Orientales*, XXIX, 1977, 97-114.

Ḏahabī, *'Ibar*. — al-Ḏahabī, *al-'Ibar fī ḫabar man 'abar*, éd. S.D. al-Munağğid et F. Sayyid, 6 vol., Kuwayt, 1963-66.

Ğuwaynī, trad. Boyle. — al-Ğuwaynī, trad. J.A. Boyle, *The History of the world-conqueror*, 2 vol., Manchester, 1958.

Ḫazrağī. — al-Ḫazrağī, *Ta'rīḫ dawlat al-Akrād wa l-Atrāk*, Ms. Istanbul, Süleymaniye, Hekimoğlu Ali Paša, n° 695.

Hist. Patr. — *History of the Patriarchs of the Egyptian Church*, éd. et trad. A. Khater et O.H.E. Burmester, vol. III, Part III, Cyril II-Cyril V (1235-1894), Le Caire, 1970 (Textes et Documents XIII) ; vol. IV, Part I et II, Cyril III Ibn Laqlaq (1216-1243), Le Caire, 1974 (Textes et Documents XIV).

Ibn ʿAbd al-Ẓāhir. — Ibn ʿAbd al-Ẓāhir, *al-Rawḍ al-zāhir fī sīrat al-Malik al-Ẓāhir*, éd. ʿA. al-ʿAzīz al-Ḫuwayṭir, Riyad, 1976.

Ibn Abī Uṣaybiʿa. — Ibn Abī Uṣaybiʿa, *ʿUyūn al-anbāʾ fī ṭabaqāt al-aṭibbāʾ*, éd. Nizār Riḍā, Beyrouth, 1965.

Ibn al-ʿAdīm, *Buġya*. — Ibn al-ʿAdīm, *Buġyat al-ṭalab fī taʾrīḫ Ḥalab* , éd. S. Zakkār, 11 vol., Damas, 1988.

Ibn al-ʿAdīm, *Zubda*. — Ibn al-ʿAdīm, *Zubdat al-ḥalab min taʾrīḫ Ḥalab* , éd. S. Dahān, 3 vol., Damas, 1951-1958.

Ibn ʿAsākir, *Description de Damas*. — N. Elisséeff, *La description de Damas d'Ibn ʿAsākir*, Damas, 1959.

Ibn al-Aṯīr. — Ibn al-Aṯīr, *al-Kāmil fī l-taʾrīḫ* , éd. C.J. Tornberg, 12 vol., Leiden, 1851-1876 .

Ibn al-Dawādārī. — Ibn al-Dawādārī, *Kanz al-durar wa ǧāmiʿ al-ġurar*, t. VIII, éd. U. Haarmann, Fribourg-Le Caire, 1971

Ibn al-Furāt, éd. Lyons. — Ibn al-Furāt, *Taʾrīḫ al-duwal wa l-mulūk*, extraits des vol. 5, 6 et 7 (641-676) dans U. et M.C. Lyons — J.S.C. Riley Smith, *Ayyubids, Mamlukes and Crusaders. Selections from the Tārīkh al-Duwal wa'l-Mulūk of Ibn al-Furāt*, 2 vol. Cambridge, 1971.

Ibn Ḫallikān. — Ibn Ḫallikān, *Kitāb wafayāt al-aʿyān wa anbāʾ abnāʾ al-zamān*, éd. I. ʿAbbās, 8 vol., Beyrouth, 1968-1972, trad. M.G. de Slane, *Ibn Khallikan's biographical dictionary*, 4 vol., Paris-Londres, 1843-1871.

Ibn al-ʿImād. — Ibn al-ʿImād, *Šaḏarāt al-ḏahab fī aḫbār man ḏahab*, 8 vol., Le Caire, 1350/1958.

Ibn Kaṯīr. — Ibn Kaṯīr, *al-Bidāya wa l-nihāya*, 14 vol., Le Caire, 1932-1939.

Ibn Naẓīf. — Ibn Naẓīf, *al-Taʾrīḫ al-Manṣūrī*, Facs. éd. P. Gryaznevitch, Moscou, 1960.

Ibn Šaddād, *Sīra*. — Ibn Šaddād, *al-Rawḍat al-zāhira fī sīrat al-Ẓāhira*, éd. A. Hutait, Wiesbaden, 1983.

Ibn al-Ṣuqāʿī. — Ibn al-Ṣuqāʿī, *Tālī kitāb wafayāt al-aʿyān*, éd. et trad. J. Sublet, Damas, 1974.

al-Iṣfahānī, *Fatḥ*. — al-Iṣfahānī, ʿImād al-Dīn, *Kitāb al-Fatḥ al-qussī fī l-fatḥ al-Qudsī*, trad. H. Massé, *Conquête de la Syrie et de la Palestine par Saladin*, Paris, 1972.

Maqrīzī, *Ḫiṭaṭ*. — al-Maqrīzī, *Kitāb al-mawāʿiẓ wa l-iʿtibār bi ḏikr al-ḫiṭaṭ wa l-aṯār*, éd. Būlāq, 1270/1880. A.A.M. Haridī, *Index des Ḫiṭaṭ. Index analytique des ouvrages d'Ibn Duqmāq et de Maqrīzī sur le Caire*, 3 vol., Le Caire, 1983.

Maqrīzī, *Sulūk*. — al-Maqrīzī, *Kitāb al-sulūk li maʿrifat duwal al-mulūk*, éd. M. Ziada, 2 vol. Le Caire, 1956 ; trad. de la période ayyoubide (567-648/1171-1250) R.J.C. Broadhurst, *A History of the Ayyūbid Sultans of Egypt*,

Boston, 1980 ; trad. de la période mamelouke (648-708/1250-1309) E. Quatremère, *Histoire des sultans mameluks*, 2 vol., Paris, 1837-1842.

Mufarrig̮. — Ibn Wāṣil, *Mufarrig̮ al-kurūb fī aḫbār Banī Ayyūb*, éd. Ǧ.al-D. al-Šayyāl (vol. 1 à 3), H.M. Rabīʿ et S. ʿĀšūr (vol. 4 et 5), 5 vol., Le Caire, 1953-1977 (jusqu'en 648/1250). Manuscrit de la Bibliothèque Nationale de Paris, Arabe 1703 (après 648/1250).

Nābulusī, *Lumaʿ*. — al-Nābulusī, *Kitāb lumaʿ al-qawānīn al-muḍiyya fī dawāwīn al-Diyār al-Miṣrīya* , éd. Cl. Cahen et C. Becker, *Bulletin d'Etudes Orientales*, XVI, 1960, 1-78 et 118-134.

Rašīd al-Dīn, Boyle. — Rašīd al-Dīn, *Ǧāmiʿ al-tawārīḫ* , trad. partielle J.A. Boyle, *The Successors of Genghis Khan*, New-York-Londres, 1971.

Rašīd al-Dīn, Quatremère. — Rašīd al-Dīn, *Ǧāmiʿ al-tawārīḫ* , éd. et trad. partielles E. Quatremère, *Histoire des Mongols de la Perse*, Paris, 1836.

Sibṭ. — Sibṭ Ibn al-Ǧawzī, *Mirʾāt al-zamān*, éd. Hyderabad, 2 parties en un seul volume, 1951.

Subkī. — al-Subkī, *Ṭabaqāt al-šāfiʿīya al-kubrā,* 10 vol., Le Caire, 1906.

Wiet, *Manhal.* — G. Wiet, *Les biographies du Manhal as-Safi*, Le Caire, 1932.

Yāqūt, *Buldān.* — Yāqūt, *Muʿǧam al-buldān*, 5 vol., Beyrouth, 1955-1957.

Yāqūt, *Iršād.* — Yāqūt, *Iršād al-arīb ilā maʿrifat al-adīb*, éd. D.S. Margoliouth, 20 tomes en 10 vol., 3e éd., Le Caire, 1980.

Yūnīnī, *Ḏayl.* — al-Yūnīnī, *Ḏayl Mirʾāt al-zamān*, 4 vol., Hyderabad, 1951-1961.

2. — OUVRAGES MODERNES

Abel. — F.M. Abel, *Géographie de la Palestine*, 2 vol., Paris, 3e éd., 1967.

Ayalon, *L'esclavage du Mamelouk.* — D. Ayalon, *L'esclavage du Mamelouk*, (*Oriental Notes and Studies*), n°1, Israel Oriental Society, Jérusalem, 1951.

Ayalon, « Studies ». — D. Ayalon, « Studies on the structure of the Mamluk Army », *Bulletin of the School of Oriental and African Studies*, 15, 1953, 203-228, 448-476 et 16, 1954, 57-90.

Ashtor, *Prix et salaires.* — E. Ashtor, *Histoire des prix et des salaires dans l'Orient médiéval*, Paris, 1969.

Barthold, *Turkestan.* — W. Barthold, *Turkestan down to the Mongol Invasion*, Londres, 1928.

Cahen, *Les peuples musulmans.* — Cl. Cahen, *Les peuples musulmans dans l'histoire médiévale*, Damas, 1977

Cahen, *Turquie.* — Cl. Cahen, *La Turquie pré-ottomane*, Istanbul-Paris, 1988.

Canard, *Hamdanides.* — M. Canard, *Histoire de la dynastie des Hamdanides de Jazîra et de Syrie*, Alger, 1951.

Casanova, *Essai de reconstitution.* — P. Casanova, *Essai de reconstitution topographique de la ville de Miṣr*, Le Caire, 1919.

Chaîne. — M. Chaîne, *La chronologie des temps chrétiens de l'Egypte et de l'Ethiopie*, Paris, 1925.

Coquin. — Ch. Coquin, *Les édifices chrétiens du vieux Caire*, vol. 1, Le Caire, 1974.

Dozy. — R. Dozy, *Supplément aux dictionnaires arabes*, 2 vol., Leiden, 1881, rééd. Beyrouth, 1968.

Dussaud, *Topographie.* — R. Dussaud, *Topographie historique de la Syrie ancienne et médiévale*, Paris, 1927.

E.I. 1. — *Encyclopédie de l'islam*, 4 vol. et 1 suppl., Leiden-Paris, 1913-1919.

E.I. 2. — *Encyclopédie de l'islam*, nouvelle édition, Leiden-Paris, (en cours depuis 1960).

Elisséeff, *N.D.*. — N. Elisséeff, *Nūr al-Dīn, un grand prince musulman de Syrie au temps des croisades*, Damas, 3 vol., 1966.

Evetts. — B.T.A. Evetts, *The Churches and Monasteries of Egypt and some neighbouring Countries attributed to Abû Ṣâliḥ the Armenian*, Oxford, 1895.

Garcin, *Qūṣ.* — J.-Cl. Garcin, *Un centre musulman de la Haute-Egypte médiévale: Qūṣ*, Le Caire, 1976.

Gaudefroy-Demombynes. — M. Gaudefroy-Demombynes, *La Syrie à l'époque des Mamelouks d'après les auteurs arabes*, Paris, 1923.

Gottschalk. — H.L. Gottschalk, *Al-Malik al-Kāmil von Egypten und seine Zeit*, Wiesbaden, 1958.

Gottschalk, « Aulād ». — H.L. Gottschalk, « Die Aulād Šaiḫ aš-Šuyūḫ (Banū Ḥamawīya) », *Wiener Zeitschrift für die Kunde des Morgenlandes*, 53, 1956, 57-87.

Grousset, *L'Empire des steppes.* — R. Grousset, *L'Empire des steppes*, Paris, 1948.

Grumel. — V. Grumel, *La chronologie*, Paris, 1958 (*Traité d'études byzantines*, I).

Guest. — R. Guest, « The Delta in the Middle Ages », *Journal of the Royal Asiatic Society*, 64, 1912, 941-980.

Halm. — H. Halm, *Ägypten nach den mamlukischen Lehensregistern*, 2 vol., Wiesbaden, 1979-82.

Humphreys. — R.S. Humphreys, *From Saladin to the Mongols. The Ayyubids of Damascus, 1193-1260*, New York, 1977.

Irwin. — R. Irwin, *The Middle-East in the Middle Ages. The Early Mamluk Sultanate*, Londres, 1986.

Lane. — E.W. Lane, *Arabic-English Lexicon*, 8 vol., New York, 1863-1893, rééd. 1955-56.

Le Strange, *Lands.* — G. Le Strange, *The Lands of the Eastern Caliphate*, Cambridge, 1905, rééd. Londres, 1960.

Le Strange, *Palestine.* — G. Le Strange, *Palestine under the Moslems. A Description of Syria and the Holy Land*, Londres, 1890, rééd. Beyrouth, 1965.

Lewis, *Assassins.* — B. Lewis, *Les Assassins. Terrorisme et politique dans l'Islam médiéval*, trad. de l'anglais, Bruxelles, 1982.

Lombard. — M. Lombard, *Les textiles dans le monde musulman, VIIe-XIIe s.*, Paris, 1978.

Lyons-Jackson. — M.C. Lyons et D.E.P. Jackson, *Saladin. The politics of Holy War*, Cambridge, 1982.

Maspero-Wiet. — J. Maspero et G. Wiet, *Matériaux pour servir à la géographie de l'Egypte*, Le Caire, 1919.

Miquel. — A. Miquel, *La géographie humaine du monde musulman jusqu'au milieu du XIe siècle*, 4 vol., Paris, 1967-1988.

Morgan. — D. Morgan, *The Mongols*, Oxford, 1986.

Pelliot. — P. Pelliot, *Notes sur l'histoire de la Horde d'Or*, Paris, 1950.

Pouzet, *Damas.* — L. Pouzet, *Damas au VIIe/XIIIe siècle. Vie et structures religieuses dans une métropole islamique*, Beyrouth, 1988.

Powell. — J.M. Powell, *Anatomy of a Crusade. 1213-1221*, Philadelphie, University of Pennsylvania Press, 1986.

Prawer. — J. Prawer, *Histoire du royaume latin de Jérusalem*, trad. de l'hébreu, 2 vol., 2de éd., Paris, 1975.

Rabie. — H. Rabie, *The financial system of Egypt, 564-741/1169-1341*, Londres, 1972.

Richard. — J. Richard, *Le royaume latin de Jérusalem*, Paris, 1953.

Schregle. — G. Schregle, *Die Sultanin von Ägypten. Šağarat ad-Durr in der arabischen Geschichtsschreibung und Literatur*, Wiesbaden, 1961.

Setton. — K.M. Setton (éd.), *A History of the Crusades*, 6 vol., University of Wisconsin Press, 1969-1989.

Sidarus. — A. Sidarus, *Ibn al-Rāhibs Leben und Werk. Ein koptisch-arabischer Enzyklopädist des 7/13. Jahrhunderts*, Freiburg im Breisgau, 1975 (*Islamkundliche Untersuchungen* 36).

Spuler. — B. Spuler, *Die Mongolen in Iran*, 3e éd., Berlin, 1968.

Staffa. — S.J. Staffa, *Conquest and fusion. The social evolution of Cairo. A.D. 642-1850* , Leiden, 1977.

Thorau. — P. Thorau, *The Lion of Egypt. Sultan Baybars I and the Near East in the thirteenth century*, trad. de l'allemand, Londres-New York, 1992.

Timm. — S. Timm, *Das christlich-koptiche Ägypten in arabischer Zeit*, 4 vol., 1984-88.

INDEX

Les noms de personnes sont indiqués en caractères romains, les noms de lieux en caractères gras, les termes techniques en italiques.

Egypte et Syrie, deux toponymes qui reviennent sans cesse dans le texte d'al-Makīn, n'ont pas été retenus dans l'index. Par ailleurs, certains noms cités seulement dans les notes n'ont pas été retenus lorsqu'ils n'étaient mentionnés que pour situer un lieu ou identifier un personnage.

A

B

C

D-Ḍ

H-Ḥ-Ḫ

I

J

K

N

O

P

Q

R

T-Ṭ-Ṯ

TABLE DES MATIÈRES

ACHEVÉ D'IMPRIMER
EN MAI 1994
SUR LES PRESSES
DE
L'IMPRIMERIE F. PAILLART
À ABBEVILLE

DÉPÔT LÉGAL : 2e TRIMESTRE 1994
N°. IMP. 8730